마음 따라
걷는 거야

마음 따라 걷는 거야

© 박동기, 2025

1판 1쇄 인쇄_2025년 11월 10일
1판 1쇄 발행_2025년 11월 15일

지은이_ 박동기
펴낸이_ 홍정표
펴낸곳_ 작가와비평
　　　　등록_제2018-000059호

공급처_ (주)글로벌콘텐츠출판그룹
　　대표_홍정표 **이사**_김미미 **편집**_백찬미 강민욱 남혜인 홍명지 권군오
　　디자인_가보경 **기획·마케팅**_이종훈 홍민지
　　주소_서울특별시 강동구 풍성로 87-6 **전화**_02-488-3280 **팩스**_02-488-3281
　　홈페이지_www.gcbook.co.kr **메일**_edit@gcbook.co.kr

값 20,000원
ISBN 979-11-5592-377-1 03810

* 이 책은 본사와 저자의 허락 없이는 내용의 일부 또는 전체를 무단 전재나 복제, 광전자 매체 수록 등을 금합니다.
* 잘못된 책은 구입처에서 바꾸어 드립니다.
* 이 도서에는 '더 잠실체', 'G마켓 산스체'가 적용되어 있습니다.

평생 보지도 못했지만
상상해 볼 수도 없는 세계가
눈앞에 펼쳐지고 있다.

프롤로그

**인생의 황금기는 남한테 인정받을 때가 아니고
내가 하고 싶은 것을 할 때이다**

한낮의 열기가 올라오고 있는데다 바람까지 거세어 얼굴을 수건으로 감싸며 차에서 내리고 몇 걸음을 걸어가는가 했는데…, 순간 동공이 얼어붙고 발걸음이 멈춰진다.

계곡 아래로 비현실적인 풍경이 펼쳐지는데 짧은 탄성이 신음처럼 터져 나왔다. 평생 보지도 못했지만 상상해 볼 수도 없는 세계가 눈앞에 펼쳐지고 있다. 하얀 석회암 기둥과 침식, 풍화로 다듬어진

암봉들이 거대한 평원 위에 우뚝 솟아있는데, 햇빛에 반짝반짝 빛나고 있는 모습이 이 세상 풍광이 아니었다. 새파란 하늘, 하얀 석회암 기둥, 높다란 절벽 단애, 드넓은 평원….

외계행성에 와있는 듯한 보즈지라 협곡의 초현실적인 모습에, 뜨거운 바람도 잊은 채 넋을 놓고 바라보며 감탄사만 내뱉는다.

대자연 앞에서 느끼는 감동은 높은 매출실적과 영업이익을 달성해 놓고 느꼈던 희열과는 전혀 결을 달리하는 색다른 감정이었다. 현역 시절에는 높은 경영실적을 달성하기 위해서 수많은 전략회의를 이어가며 임직원들에게 고통스러운 노력과 희생을 강요하고, 결국에는 경쟁사와의 싸움에서 이겨야 했다. 힘들었음에도 불구하고 실적 달성은 순간의 카타르시스에 불과했고 또 다시 어려운 목표가 주어지고 고통이 반복되는 결코 즐겁지만은 않은 시한부의 감동이었다.

반면에 온 세계를 돌며 느끼는 트레킹의 희열은 주위 사람들의 희생이 수반되지도 않을 뿐더러 생각할수록 즐거운 추억이 되어 술좌석의 맛있는 안주가 되기도 하고 잠이 안 올 때는 행복한 수면제도 되는 인생 최고의 선물이었다.

심적으로 자유로워지면서 취미 활동에 의욕이 생기고 추진력도 생겨나니, 성취감은 올라오는데 스트레스는 사라지는 마법을 경험

하고 있다. 진정 '인생의 황금기는 남한테 인정받을 때가 아니고 내가 하고 싶은 걸 할 때'라는 생각으로 온 세상을 걷고 있는 중이다.

퇴임 후 2년 반 동안 20여 곳의 해외 원정을 포함하여 대부분의 시간을 트레킹으로 보냈고 앞으로도 당분간 같은 패턴을 이어 갈 생각이다. 지인들은 너무 과한 것 아니냐며 나의 건강을 염려해 주었지만 사람의 몸은 적당히 움직이며 자극을 주었을 때 더 건강해지고 활성이 높아진다는 확신을 갖게 되었고 실제로 나의 걷는 체력은 퇴임 후 몇 년이 지났음에도 불구하고 예전보다 더 강해졌음을 스스로 느끼고 있다.

트레킹의 행복에 빠져들면서부터 자연스럽게 현역 시절의 디테일이 사라졌다. 목표를 세우고 치밀하게 계획하며 대안까지 마련하는 일사분란함이 사라진 것이다. 더 이상 주위를 책임지는 리더도 아닌데, 오직 나의 인생을 즐기기 위한 여정인데 그렇게까지 치밀할 필요가 있겠느냐는 생각이다.

내년까지 예닐곱 개의 해외 트레킹을 더 다녀볼 생각이다. 캐나다 로키와 뉴질랜드 밀포드, 노르웨이 페로제도, 일본 알프스, 킬

리만자로, 중국 명산들을 둘러볼 예정인데, 예산도 스케줄도 정해진 건 없다. 내년 말까지라는 시한만 정해 놓았는데, 꼭 그것도 지켜지지 않은들 문제 될 게 있겠는가? 자유롭게, 여유롭게 나의 인생을 즐기겠다는데….

이 책은 내 여정의 기록이자 은퇴 후 제2의 인생을 준비하는 분들에게 전하고 싶은 소박한 메시지이다. 혹여 이 글이 누군가의 마음에 닿아 새로운 인생 설계의 불씨가 된다면 그보다 더 큰 보람과 영광이 어디 있겠는가.

두 번째 책 발간을 위하여 독려해 주고 조언해 주신 (주)글로벌콘텐츠출판그룹 홍정표 대표님과 글에 생명을 불어넣어 주신 김미미 이사님, 그리고 묵묵히 힘을 보태주신 백찬미 에디터님께 진심으로 감사드린다. 평생을 같이해 온 사랑하는 아내가 계속 건강을 잘 유지하여 남은 트레킹에 같이 동참해 주길 바라는 마음이다. 사랑하는 딸과 사위, 훗날 이 책을 읽게 될 손녀 아이가 자그마한 울림이라도 느낀다면 그것 또한 내 인생의 또 다른 축복일 것이다. 글 쓰는 유전자와 건강한 몸을 물려주신 부모님께 이 책을 바친다.

목차

프롤로그 6

PART 1
돌로미티

1일차 ✦ 돌로미티 전초기지 담페초로	17
2일차 ✦ 브라이에스 호수부터 시작하는 알타비아 1코스로	24
3일차 ✦ 스카이뷰를 자랑하는 라가주오이 산장으로	30
4일차 ✦ 친케토리를 지나 아벨라우 산장으로	36
5일차 ✦ 돌로미티 최고봉 마르몰라다(3,343m)를 바라보며	43
6일차 ✦ 에메랄드빛 소라피스 호수로	48
7일차 ✦ 돌로미티의 시그니처 트레치매를 걸으며	54
8일차 ✦ 사쏘롱고 암봉을 지나 알프디시우시 대평원으로	61
9일차 ✦ Finale	67
10일차 ✦ 에필로그 "나 돌아갈래! 돌로미티로"	71

PART 2
코카서스 3국

아제르바이잔

1일차 ✦ 미사일을 뚫고 코카서스로		77
2일차 ✦ 부자나라 항공사에 탑승하여		80
3일차 ✦ 불의 나라 아제르바이잔 바쿠로		82
4일차 ✦ 셰키 칸의 여름궁전으로		90

조지아

5일차 ✦ 조지아의 멋진 마을 시그나기에		97
6일차 ✦ 조지아의 옛 수도 므츠헤타로		102
7일차 ✦ 스탈린 생가를 찾아서		109
8일차 ✦ 코카서스 산골 마을 메스티아로		115
9일차 ✦ 유럽에서 가장 높은 마을 우쉬굴리를 찾아서		120
10일차 ✦ 흑해의 휴양도시 바투미로		127
11일차 ✦ 로마 유적 고니오 요새를 찾아서		131
12일차 ✦ 아할치헤에서 라바티 요새로		138
13일차 ✦ 바르지아 동굴도시에서		143
14일차 ✦ 쿠라 강가 레스토랑에서 민속 공연을		147

아르메니아

15일차 ✦ 조지아를 떠나며		153
16일차 ✦ 아르메니아의 랜드마크 주상절리로		160
17일차 ✦ 노아의 방주 아라라트산을 바라보며		166
18일차 ✦ 예레반의 밤풍경을 바라보며		171

PART 3
히말라야 에베레스트 베이스캠프 EBC

1일차 ✦ 카트만두로   179
2일차 ✦ 네팔의 신전 앞에서   183
3일차 ✦ 경비행기로 루크라에   188
4일차 ✦ 에베레스트 전초기지 남체로   193
5일차 ✦ 본격적인 트레킹의 시작 캉주마로   199
6일차 ✦ 아마다블람 밑 팡보체로   205
7일차 ✦ 4,000m를 넘어서며 딩보체로   210
8일차 ✦ 고소 적응 훈련에   215
9일차 ✦ 해발 4,910m 로부체로   219
10일차 ✦ 드디어 EBC 등정을   226
11일차 ✦ 마지막 목표 갈라파타르 등정을   232
12~14일차 ✦ 하산&Finale   237

PART 4
키나발루산 등정

1일차 ✦ 동남아 최고봉 키나발루산을 향하여   247
2일차 ✦ 고도 3,273m인 라반라타 산장으로   249
3일차 ✦ 키나발루산 정상 로우피크에   254

PART 5
카자흐스탄 톈산산맥

1일차 ✦ 카자흐스탄 알마티로 　　　　　　　　　　　　　　　263
2일차 ✦ 알마티에서 첫 번째 트레킹, 톈산산맥 삼형제봉을 오르며 　268
3일차 ✦ 콜사이 국립공원 호수 길을 걸으며 　　　　　　　　　　276
4일차 ✦ 가문비 고사목들이 수중에 박혀있는 카인디 호수로 　　　283
5일차 ✦ 알마티의 식수원 알마티 호수를 찾아서 　　　　　　　　290
6일차 ✦ 카스피해 연안의 사막 한가운데로 　　　　　　　　　　　295
7일차 ✦ 수억 년 전 융기한 악타우의 대평원을 누비며 　　　　　　303
8일차 ✦ 악타우 사막의 필수 방문 코스라는 솔트레이크로 　　　　310
9일차 ✦ 악타우 사막의 하이라이트 보즈지라 협곡에 　　　　　　　316
10일차 ✦ Finale 　　　　　　　　　　　　　　　　　　　　　　　323

PART 6
우즈베키스탄 톈산산맥

1일차 ✦ 중앙아시아의 중심 타슈켄트로 　　　　　　　　　　　331
2일차 ✦ 실크로드 역사의 도시 사마르칸트로 　　　　　　　　　339
3일차 ✦ 타지키스탄 하프트쿨 호수로 　　　　　　　　　　　　346
4일차 ✦ 3,000m 고갯길을 넘어 다시 타슈켄트로 　　　　　　　　353
5일차 ✦ 모흐나티 폭포를 찾아 오프로드로 　　　　　　　　　　357

에필로그 　　　　　　　　　　　　　　　　　　　　　　　　364

PART 1
돌로미티

알프스는 아직 시작도 안 했는데
초입의 경관에 모두들 눈동자가 돌아간다.

1일차

돌로미티 전초기지 담페초로

 아무리 쉬운 등산길이라도 위험하지 않은 곳은 없나 보다. 얼마 전 불암산에서 하산하다 어깨를 다쳤다. 잔설이 남았는데 아이젠이 귀찮아 차지 않고 내려오다 그만 미끄러져 버린 것이다. 결국 어깨수술을 하게 되었고, 예약했던 옥룡설산과 키르기스스탄 톈산산맥 트레킹을 취소할 수밖에 없었다.

 아직 어깨 통증이 남아있었지만 너무 오래 쉰 탓에 6개월 만에 돌로미티 트레킹에 나선 것이다. 트레킹은 발로 하는 것이라며 통증을 감수하고 장정길에 나서게 되었는데, 오랜만이라 그런지 맘은 설레고 발걸음도 가벼워진다. 작년에 맛보기식으로 2일간 거닐었던 돌로미티를 잊지 못해 이번에 12일간 풀코스로 종주를 하게 된 것이다.

 밀라노 직항로를 잡지 못해 베이징을 거쳐 밀라노로 가는 환승노선을 택해서 먼저 북경 서우두공항에 밤늦게 도착하였다. 저녁

8시가 넘으니 많은 매장이 문을 닫고 있는데 다행스럽게도 식당들이 열려있어 생맥주와 생선튀김 한 접시로 5시간이라는 긴 대기시간을 버텼다. 그나마 저녁 9시에 모든 식당 문을 닫아버리는 인천공항보다는 나은 상황이라 다행이라 생각했다.

 새벽 1시에 밀라노행 비행기에 올랐다. 장거리 국제노선인데도 불구하고 서비스 영상화면에 K-컬처가 하나도 안 보인다. 영화도 없고 음악도 없다. 여타 외국 영상들도 전혀 한국어가 지원되지 않고 있었다. 온 세상이 K-컬처로 북적이는데 한 건의 영화나 노래조차 찾아볼 수 없다는 사실이 공산국가의 단면처럼 느껴졌다. 그냥 자막을 포기한 채 쉬운 영화 몇 편을 더듬거리며 볼 수밖에 없었다.

 그러다가 뜻밖에도 공산국가의 이로운 점이 하나 발견되어 신기했다. 비행시간이 서방 항공기에 비하여 2시간이 짧다고 한다. 바로 중국만이 러시아 영공 통과가 가능하여 우회하지 않고 직선으로 날아가는 연유라 한다. 혜택은 보지만 쓴웃음이 나온다. 참 유치한 모습이지만 엄연히 현실이고 여행객들은 희비가 엇갈린다.

 이른 새벽에 도착해서인지 밀라노공항은 한산하고 입국 절차는 신속하게 이루어져 맘을 편하게 해준다. 오늘은 베네치아에서 한나절 투어를 하고, 차기 동계올림픽 개최 장소인 담페초에서 숙박을 하는 일정이다. 공항에서 베네치아까지는 버스로 3시간 반의 장거리이다. 공항을 나서니 우리나라와 별반 다르지 않은 익숙한 야산과 들판길이 나온다. 1시간여를 달려 중간 휴게소에서 잠깐 휴식을 취했다. 여타 유럽국가와는 달리 이탈리아의 도로 휴게소는 제법 화려하고 다양한 쇼핑숍이 갖추어져 있어 가장 우리나라와 근사한 모습이라는 생각이다. 물론 규모 면에서 비교할 수는 없지만⋯.

저녁때 먹을 포도주와 안줏거리를 사고 다시 출발하는데 주변 경관이 달라진다. 지금까지와는 사뭇 다르게 높다란 사이프러스 나무군락이 나타나고 끝없는 포도밭이 펼쳐진다. 간혹 노란 해바라기밭도 펼쳐진다. 표현은 밭이라 하지만 끝이 안 보이는 거대한 규모들이다. 포도밭 사이사이로 드문드문 고풍스러운 와이너리들이 보이면서 이곳이 이탈리아임을 넌지시 알려준다. 평화롭지만 풍요로운 이탈리아의 농촌 풍경이다.

불볕더위의 베네치아에서 여권을 분실

점심때 즈음하여 베네치아에 도착하니 선선했던 날씨와는 달리 36~37도의 찌는듯한 한낮의 더위가 숨을 막히게 한다. 짐을 도시 입구에 위치한 보관센터에 맡겨놓고 택시보트를 타고 시가지 중심으로 들어갔다. 이번이 세 번째 방문이라 익숙해진 탓인지 바닷속 특유의 나무말뚝들, 기다란 운하골목, 낭만적인 모습의 곤돌라들이 반가웠다.

언제나 관광객들로 가득 찬 산마르코 광장 맞은편 레스토랑에서 조금 이른 점심을 하게 되었다. 바닷가답게 해산물 스파게티들과 튀김이 나온다. 특히나 먹물파스타의 진한 맛은 처음 맛보는 일품

베네치아의 낭만적인 곤돌라

요리였다. 부패하기 쉬워 보관이 어렵다는 오징어 먹물이 듬뿍 들어가 올리브와 함께 반짝반짝 빛나는 검은 색깔이 맛스러운데 실제 맛도 비할 데 없는 감칠맛이다. 시원한 생맥주를 곁들이니 갈증이 사라진다.

　너무 더운 날씨에 시내 투어는 엄두가 나질 않아 그늘가 카페를 찾고 있는데 동행한 후배 안색이 심상치 않다. 얼굴이 사색이 되어 이야기를 하는데 어딘지도 모르고 그만 여권을 분실했단다. 겨우 1시간밖에 안 되었는데 도무지 기억이 나질 않는다 하니 그저 난감한 상황이다. 일단 잃어버렸고 찾는 게 불가능하다고 결론을 내리니 맘이 급해진다. 급히 영사관에 전화하니 경찰서에 분실신고부터 하라고 한다. 관광을 포기하고 곧바로 경찰서에 가서 신고까지 마쳤다. 다행히 유럽 근무 경험이 있는 후배여서 언어소통이 능숙했기에 다행이지, 오늘 일정이 전부 어긋날 뻔했다. 불행 중 다행인지 마침 밀라노에 영사관이 있어 귀국 전에 밀라노에서 임시 여권을 발급받기로 하고 방법을 모색하기로 했다.

시간이 여의치 않아 머리에 쥐가 나도록 고민을 한다. 불가피한 경우 혼자만이 스케줄을 연장하는 방법까지 동원하기로 하였다. 모든 상황을 정리하고 담페초로 가기 위해 맡겨놓은 가방들을 다시 찾았는데…. 가방 속에서 여권이 나왔단다. 다행인건지 무뎌진 머리가 한심스러운 건지 모를 일이다. 가방을 맡기기 전 여권 분실을 염려해서 가방 속에 깊숙이 넣어놨는데 그냥 깜빡한 모양이다. 나이가 들면 건망증도 심해지고 쓸데없는 걱정도 생기나 보다. 오후 내내 마음고생을 사서 하게 된 것이다.

어쨌든 찾았으니 다행이라고 한숨들을 내쉬는데, 이제는 다시 원위치하는 절차가 복잡해진다. 우선 경찰서 신고를 취소하기 위하여 전화를 하니 직접 와서 신원 확인하고 취소하란다. 지금 담페초로 가고 있어 불가능하다는 이유를 어렵게 사정하고 협의하여 결국 담페초 경찰서에서 취소신고를 하기로 하였다. 후배에게는 절대 잊을 수 없는, 그러나 값진 경험을 하게 된 것이다.

26년 동계올림픽 개최지 담페초로

　오후 4시 정말 홀가분한 마음으로 담페초 알프스로 들어간다. 얼마 되지 않아 곧 바로 험준한 산들이 눈앞에 전개되는데 사건이 해결되고 나니 경치들의 감동이 배가된다. 진짜 알프스는 아직 시작도 안했는데 초입의 경관에 모두들 눈동자가 돌아간다. 이번 트레킹 코스에 대한 기대가 잔뜩 실리는 심정이다. 가는 길 내내 거대

담페초 시내 전경

한 직벽의 봉우리들이 앞서거니 뒤서거니 동행을 한다. 왼쪽으로는 햇빛을 받아 푸른 하늘 하얀 구름 아래 거대한 직벽의 암봉들이 반짝거리고 있는데, 오른쪽으로는 구름안개가 산 밑에서부터 뿌옇게 올라오며 날카로운 암봉들이 허공에 뜬 채, 역광으로 빛나면서 환상적인 실루엣을 만들어낸다. 역시 알프스라는 찬사가 터져 나온다.

담페초는 제법 규모가 큰 산악도시로 6천여 명의 주민이 거주하고 있다고 한다. 연간 수백만 명의 관광객이 찾아드는데, 26년 동계올림픽 개최를 앞두고 한껏 부풀어 있는 모습이다. 거리 곳곳에 플랜카드와 안내판이 세워져 있다. 호텔은 시내 중심부에 거대한 돌로미티의 암봉 아래에 위치해 있었다.

해가 기울고 선선해진 저녁 날씨 속에 관광객들로 북적이는 레스토랑에서 스테이크와 와인 한잔으로 이국의 첫날밤을 맞이한다. 커다란 스테이크가 더없이 부드러운데 하우스와인은 왜 이리도 달콤한지 시간을 잊고 산속 알프스의 낭만을 즐긴다. 식사 후 저녁 산책길도 더없이 상큼하다. 언제 더웠냐는 듯 산들거리는 산바람에 얼굴 취기가 사라진다.

2일차

브라이에스 호수부터 시작하는 알타비아 1코스로

　새벽 5시 담페초 시내로 산책을 나갔다. 밤새 관광객들로 북적였는데도 새벽길 시내는 깨끗하게 정돈되어 있다. 올림픽 개최를 앞두어서인지 유난히도 타워크레인이 많이 서있지만 3,000m가 넘는 암봉들로 둘러싸인 시가지는 전형적인 산골 마을로, 알프스의 정서가 넘쳐난다. 거리에는 우리에게도 익숙한 여러 스포츠 브랜드 상점들이 즐비하다. 몬츄라, 잠발란, 라스포르티바, 아쿠와 같은 세계적인 등산, 스키브랜드가 모두 이곳에서 백여 년 전에 시작되었다고 한다. 처음에는 자그맣게 가내수공업으로 시작하여 전 세계에 퍼졌다 하니 주민들의 자부심이 대단하리라는 생각이다.

　서서히 동이 트나보다. 마을을 굽어다 보는 거대한 돌산의 실루엣이 나타나기 시작한다. 3,100m의 거대한 토파나산이 전형적인 살레주택들 위로 모습을 드러낸다. 거의 직벽으로 솟아있는 하얀

토파나산 일출 전경

암봉이 나타나는데 변화하는 모양새가 어디에선가 많이 보았던 익숙한 모습이다. 햇빛이 올라오면서 산꼭대기부터 노란 황금색으로 물들고 하강하는데, 작년 안나푸르나에서 보았던 바로 그 숨 막히던 환상 속의 모습이었다. 평생 보지 못할 줄 알았던 꿈결 같은 모습이었는데, 이곳 알프스 산골 마을 새벽 산책길에 다시 만난 것이다. 숨이 멎을 것 같은 장관에 할 말을 잊는다. 완전히 동이 터 황금색 봉우리가 사라진 뒤 호텔로 돌아왔다.

돌로미티 최고의 풍광을 자랑하는 브라이에스 호수에서 출발을

오늘은 트레킹 첫날로, 이곳 담페초에서 버스로 1시간 거리에 있는 브라이에스 호수에서부터 시작하여 비엘라 산장~세네스 산장~포데루 산장으로 이어지는 12km 6시간 거리의 코스이다. 해발 1,500m지점에서부터 2,350m까지 850m 고도를 올리는 난이도가 높은 코스이다.

작년에 와서 절경의 모습에 감탄했던 브라이에스 호수를 다시 찾았다. 이른 아침부터 호숫가는 수많은 관광객으로 붐비고 있다. 특유의 에메랄드빛 호수 물속에 거대한 알프스 암봉의 그림자가 드리워져 있다. 파란 하늘 아래 새하얀 암봉들이 반짝반짝 빛나고 있는데 호수 속으로 똑같은 모습이 데칼코마니처럼 반사되어 나타나는 것이다. 사진을 찍어보니 물속의 그림자가 실물보다 더 진한 모습으로 화려하게 나타나 있다. 그림 같은 모습이다.

  호수를 걷다가 맞은편 중간지점에서부터 본격적으로 산 위로 올라가기 시작한다. 팻말에는 점심식사 장소인 비엘라 산장까지 2시간 50분의 거리라고 표기되어 있다. 완만한 오름새로 경사가 부담을 주지는 않지만 온통 자갈길로 너덜길이 지속되어 당혹스럽기만 하다. 옛날 바닷속 펄들이 융기하여 산이 만들어지다 보니 바위들이 잘 부서진다고 한다. 끝이 없이 자갈길이 이어진다. 자갈길 사이사이로 나타나는 암석들도 반들반들해서 주의를 주지 않으면 미끄러질 모습들이나. 보누늘 긴장하며 걸을 수밖에 없다. 그래노 길가에는 수많은 들꽃이 만개해 있어 등산객들의 맘을 달래주는 듯하다. 초록빛 풀밭사이로 파랑, 노랑, 하얀 들꽃들이 모자이크처럼 박혀져 있는데, 여기저기 우리에게도 익숙한 보랏빛 엉컹퀴꽃, 노란 민들레꽃들도 한자리를 차지하고 있다. 몸은 힘들지만 눈 호강은 제대로 한다.

브라이에스 호수 전경

가쁜 숨을 몰아쉬며 한고비 산언덕을 넘어서니 갑자기 눈앞의 모습이 달라진다. 거대한 알프스의 암봉 파노라마가 화려하게 펼쳐지는 것이다. 모두들 등산 속도가 늦어짐을 실감한다. 멋진 경관에 가다서기를 반복하며 감탄사를 남발하는 것이다. 빨리 가야 하는데 모두들 멈춰서기를 반복하니 가이드가 난감해한다. 오늘 일정이 빠듯하다고…. 보는 눈은 즐겁지만 가는 코스는 결코 쉽지 않아 난감한 상황이다. 경사가 급해지면서 길이 지그재그로 완만하게 이어지지만 역시 너덜길이 다리를 피곤하게 만든다. 마지막 언덕이라고 힘겹게 올라서면 높은 언덕길이 다시 나타나기를 반복하니 힘이 빠질 수밖에 없다.

몇 번을 속으면서(?) 가파른 언덕길을 올랐는가 했는데, 정말로 마지막 언덕을 오르니 산 밑으로 산장이 나타난다. 바로 점심식사 장소인 비엘라 산장이다. 트레킹을 시작한 지 3시간이 지난 시점이다. 산장에 도착하니 또 다른 거대한 알프스의 암봉 파노라마가 바로 눈앞에서 펼쳐지고 있다. 수많은 암봉이 거리를 달리하며 입체적인 모습으로 전개되는데 화려한 들꽃들을 배경으로 잊지 못할 경관을 자아내고 있다.

등산객이 붐비는 야외 테라스에서 시원한 생맥주로 목을 축인다. 맑은 날씨, 높은 고도의 시원한 바람이 힘들었던 트레킹 여정을 잊게 한다. 부드러운 소스가 잔뜩 올려져 있는 포크 스테이크가 더없이 달콤하다. 알프스의 파노라마, 시원한 바람, 맛깔스러운 점심식사가 세상사를 날려버린다. 부러울 게 없는 행복한 점심이다.

제2차 세계대전 당시의 활주로가 한가로운 소 떼 목장으로

 오후 일정은 심플하다. 2시간 동안 완만한 하강 코스를 걸어가면 된다. 1시간을 걸어 세네스 산장에 도착하니 한가로이 풀을 뜯는 소 떼가 등산객을 반긴다. 주변은 높은 고도임에도 불구하고 널다란 평원이 펼쳐지는데 바로 제2차 세계대전 당시 경비행기 활주로로 사용된 곳이라 한다. 세월의 무상함인지 흔적은 남아있지만 여기저기 소똥들이 즐비하고 소 떼들이 한가로이 풀을 뜯는 목가의 풍경으로 변해있었다. 산장 입구에는 무료로 식수를 나누어주는 수도호스가 있다. 물은 얼음장처럼 차가워 막바지 트레킹의 피로를 한순간에 날려버린다.

 최종 목적지 포데루 산장에 도착하니 많은 등산객이 가벼운 옷차림으로 야외 테라스에서 망중한을 즐기고 있다. 테라스 앞에 비치되어 있는 의자에는 웃통을 벗어제끼고 일광욕을 즐기고 있는 모습들도 보인다. 모두들 행복한 모습이다. 와이파이도 터지지 않는 알프스 깊은 산골 마을 산장에서 길었던 하루 일정을 마무리한다. 저녁식사 후 밖을 나가니 추위가 엄습한다. 서있지 못할 정도이다. 지금 서울은 열대야로 찜통일 건데….

와이파이가 없다는 안내 표지판

3일차

스카이뷰를 자랑하는 라가주오이 산장으로

 알프스 깊은 산속 포데루 산장에 여명이 밝아온다. 산장 밖 작은 언덕에 올라서니 희미하게 암봉들의 실루엣이 나타나기 시작한다. 인터넷도 터지지 않는 깊은 산속에서 부지런한 소들만이 방울 소리를 울리며 정적을 깨뜨리는 고요한 아침이다.

 산장 앞 작은 샘물로 목을 축이며 오늘 하루 일정을 정리해 본다. 이곳 포데루 산장에서 바로 걷기를 시작한다. 포데루 산장1,548m~파네스 산장2,060m~로사고개2,070m~알피나 산장1,720m으로 이어지는데, 오르락내리락이 반복되는 18km 7시간의 쉽지 않은 코스이다. 트레킹 후에는 밴으로 파스팔자레고로 이동하여 케이블카를 타고 2,750m에 위치한 라가주오이 산장에서 숙박을 하게 된다.

 이곳 돌로미티는 모두가 암벽으로 이루어진 돌산이어서 여타 등산 코스와는 다르게 대부분 너덜길로 이루어져 있다. 작은 거리라도 결코 만만히 보아서는 안 되는 이유이다. 오늘은 4시 40분에 마감되는 케이블카를 놓치면 숙박지로의 이동이 불가능하기 때문에 시간 준수가 중요하다고 가이드가 몇 번을 강조한다. 이번에는 여행사 사장이 직접 가이드 역할로 동행을 하게 되어 전 구간 내내 힘든 코스이지만 한편으로는 든든한 마음이다.

시작부터 급경사 도로길로 내려간다. 도로 위에는 온통 작은 자갈밭이어서 여간 신경이 쓰이는 게 아니다. 발에 힘을 주지 않으면 바로 미끄러질 수 있기 때문에 보폭을 줄이고 조심조심 내려갈 수밖에 없다. 높이를 가늠할 수 없는 암벽들 사이사이로 길이 위험하게 급경사를 이루고 있다. 암벽은 90도를 넘어서는 직벽들로 이루어져 위압감을 주고 있는데, 이 힘든 급경사 도로를 역으로 힘겹게 산악 사이클로 올라오는 이들이 보인다. 그저 경이롭다고 할 수밖에….

40여 분을 걸어서 포데루 산장에 도착하였다. 잠깐 사이에 고도 500m를 내려온 것이다. 직벽의 암봉들 사이인데도 불구하고 넓은 평지가 나타나고 사이로 작지 않은 개울물이 흐르고 있다. 바로 먹어도 될 듯한 깨끗한 물이다. 초등학생쯤 되어 보이는 두 아이를 데리고 젊은 부부가 트레킹을 하고 있다. 보기 좋은 싱그러운 모습에 마음이 따뜻해진다. 잠시 호흡을 가다듬은 뒤 우리도 본격적으로 산행을 시작하였다.

이곳에서부터 가파른 너덜길을 2시간 동안 걸어가야 한다. 길은 두 갈래로 펼쳐져 있는데, 우리가 걷는 산길 외에 좀 더 넓은 사이클 도로가 계속 이어지고 있다. 힘겹게 첫 번째 고갯마루에 올라서

포데루 산장 전경

니 거대한 암봉들이 좀 더 가까이 다가서고 시원한 바람이 불어온다. 구름 한 점 없는 새파란 하늘인데 지대가 높은 탓에 시원한 골바람이 불어와 산행을 도와주고 있는 것이다. 이런 고개를 네 곳을 넘어서야 오늘의 점심장소 근처인 파네스 산장이 나타난단다.

알프스 개울가에서 컵라면으로 점심을

파란 하늘을 찌르는 날카로운 암봉들, 맑은 시냇물, 지천으로 깔린 야생화들의 멋진 풍광에 탄성이 터져 나오지만, 그래도 산행은 힘들고 지루하다. 드문드문 이어지는 등산객들과의 짧은 대화로 지루함을 달래준다. 땀이 흐르고 다리의 피곤함이 살짝 부담스러울 즈음에 파네스 산장에 도착하였다. 시원한 계곡 속 야외 테라스에서 시원한 생맥주로 목을 축인다. 달리 표현이 필요 없는 상쾌한 기분이 온몸을 파고든다.

차디찬 샘물로 수통을 채운 뒤 인근 개울가에서 이른 점심을 했다. 메뉴는 각자 준비해 온 컵라면이다. 일정상 산장식사가 빠듯하기 때문에 간편식으로 결정한 것이다. 산장식사는 12시에 시작되고 주문 등 많은 시간이 걸려 자칫 케이블카를 놓칠 염려 때문이었다. 깨끗한 냇물로 물을 끓이는 동안 잠시 냇물에 발을 담가본다. 얼음 녹은 물로 차갑기 그지없다. 모두들 3초 이상을 버티지 못하고 담갔다 꺼내기를 반복한다. 오전의 고된 등산의 피로가 한꺼번에 날아가는 기분이다.

여기서부터는 계속 내리막길이라 부담이 적다. 높은 암봉들을 바라보며 끝이 없이 걷고 또 걷는다. 오후가 되니 땅의 지열이 뜨겁게 올라오는데, 고지대의 시원한 바람에도 불구하고 부딪치는 지열이 얼굴을 화끈거리게 한다. 계속 따라오는 시원한 냇물이 그나마 위안이 되고 있지만 모두들 산행이 빨리 끝나기를 바라는 분위기이다. 1시간 반을 걸어 로사고개 전망대에 이르니 드디어 멀리 아래로 오늘의 종착지 알피나가 시야에 들어온다. 모두들 함성이 터져 나온다. 오늘 트레킹의 끝자락이 보이는 거다. 차가운 골바람이 얼굴을 때리며 오늘 여정의 끝을 축복해 준다. 급경사 코스를 30여 분 내려와 오늘의 트레킹을 마무리하였다.

라가주오이 석양

2,750m 라가주오이 산장에서 돌로미티 최고의 숙박을

밴으로 파스팔자레고로 이동하여 케이블카를 탔다. 케이블카로 올라 라가주오이 산장에 도착해 보니 왜 모두가 이곳을 돌로미티 최고의 숙소라 평가하고, 1년 전부터 예약을 위해 전쟁을 치르는지 확연하게 알 것만 같았다. 고도 2,750m에 위치하며 360도 칼날 같은 암봉들로 둘러싸여 있는 천혜의 스카이 뷰포인트였다. 도저히 상상해 볼 수 없는 화려한 전경에 그저 말문이 막힌다. 숙소도 많지 않아 마치 선택받은 자 같은 행복감이 밀려온다.

비록 시설이 부족하여 다인실에서 불편하게 숙박을 하지만 모두들 한결같이 흡족한 표정이다. 5유로짜리 토큰으로 번개샤워를 한 뒤 테라스에서 생맥주로 목을 축인다. 석양빛으로 노랗게 물드는 암봉들의 환상적인 모습에 모두들 넋을 놓는데, 마치 살아생전에 바라볼 수 있어서 황홀하다는 표정들이다. 스파게티, 스테이크와 하우스와인으로 적당히 취기가 오르는데, 시원한 바람이 얼굴을 때려주니 알프스 꼭대기에서 세상사가 사라진다. 꿈결 같은 환상 속에서 무아지경에 빠져드는 것이다.

4일차

친케토리를 지나 아벨라우 산장으로

36 마음 따라 걷는 거야

새벽 5시 반에 일출을 보기 위하여 라가주오이 전망대로 향했다. 산장에서 걸어서 15분 거리에 있는 전망대에 오르니 사방으로 높은 암봉의 웅장한 모습이 실루엣으로 나타나기 시작한다. 해는 3,200m 토파나봉 너머로 올라오는데, 봉우리 뒤편으로 온통 빨간 빛이 물들면서 장엄한 알프스의 파노라마 전경이 펼쳐진다. 잊지 못할 장엄한 모습에 그저 말문이 막힌다. 상쾌한 새벽바람 속에서 넋을 놓은 채 황홀하게 바라본다. 붉은 기운이 사라질 때까지….

라가주오이 전망대에서의 일출

오늘은 이곳 고도 2,750m인 라가주오이 산장에서부터 트라벤 안제 안부도로까지 고도 700m를 직하강하는 거친 산행으로 시작된다. 다시 유명한 다섯 봉우리인 친케토리까지 오른 뒤 최종 목적지 2,413m 아벨라우 산장까지 오르는 16km 7시간의 코스이다.

시작부터 가파른 자갈길을 내려가기 시작한다. 급경사 옆 암벽들 사이사이에 작지 않은 동굴들이 보이는데 바로 전투용 참호들의 잔재란다. 제1차 세계대전 당시 이탈리아와 오스트리아 간에 가장 치열한 전투가 벌어진 곳이라는데, 오스트리아가 패전하면서 이탈리아 땅으로 국적이 바뀐 곳이라 한다. 언어는 독일어가 주류를 이루는데 국적은 이탈리아이니 주민들의 정체성이 어떨지 바라보는 내가 혼란스럽다. 지금은 겨울철에는 최고의 스키장으로, 여름철에는 최고의 트레킹 코스로 각광을 받고 있으니 세월의 무상함도 엿보인다.

거친 자갈길에도 불구하고 군데군데 작은 풀밭들이 있고, 화려한 점박이 들꽃들이 화사한 햇살에 빛나고 있다. 오늘도 구름 한 점 없는 쾌청한 날씨가 반갑기 그지없다. 높은 경사도 때문에 길은 기다랗게 지그재그로 이어지고 있다. 내려가는 길은 가파르고 지루하기만 하다. 성격 급한 마음에 도로 사이로 나 있는 급경사 지름길을 택했다. 자갈들이 구르면서 미끄러지는 모양새가 조금 두렵기는 한데, 지그재그 길이 너무 길어 보여 직선 길로 내려가는 것이다. 갈수록 미끄러지는 정도가 심해져 조금씩 후회가 밀려올 무렵 어렵게 도로 길로 접했는데, 또 직선 지름길이 유혹한다.

친케토리에서 길을 잃고 헤매다

일찍 내려갈 욕심에 다시 급경사길을 택했고 거칠게 미끄러져 내려가다 보니 혼자 고립이 되어버렸다. 욕심이 과했나? 갈림길에서 일행들을 기다려야 하는데 그만 길을 잘못 들어서버린 것이다. 결국 합류가 어려울 정도로 멀어져 버렸는데, 인터넷이 약한 탓에 나중에야 연락이 되었고 혼자서 친케토리까지 가야만 하는 상황에 직면한 것이다. 고민 끝에 차도를 거슬러 올라가 케이블카 승강장을 찾기로 했다. 인도도 없는 차도를 2km 남짓 거슬러 올라가니 뜨거운 지열 탓에 숨이 막힌다. 다행히 도로 가까운 곳에 승강장이 위치해 있어서 어렵지 않게 승강장에 들어설 수 있었다. 케이블카 탑

친케토리 전경

승장은 한산하고 여유가 있어 무리 없이 친케토리에 도착하였는데 도보로 오르지 못한 아쉬운 마음이 가득하였다.

산 위에는 수많은 사람들이 산 위 풍광을 구경하며 즐거워하고 있었다. 다양한 모습들이 보인다. 연인들의 모습도 보이고 어린아이들을 데리고 온 가족들의 모습도 보인다. 나처럼 혼자 올라온 사람들도 보인다. 일찍 올라온 탓에 생맥주 한 잔으로 시원한 전경을 즐기는 여유를 부렸다.

눈앞에서 펼쳐지는 친케토리의 모습은 화려함 그 자체였다. 거대한 절벽뿐만 아니라, 이곳에서 모든 돌로미티의 트레킹이 시작되는 듯 사방으로 길이 펼쳐져 있고, 모든 암봉이 이곳을 중심으로 사열되어 있는 듯한 모습이다. 친케토리 절벽 틈 사이에 달라붙어 오르고 있는 록클라이머의 모습도 보인다.

발아래 풀밭에는 알 수 없는 수많은 형형색색의 들꽃이 잿빛 암봉의 단조로운 색상을 커버해 주고 있는데, 이 모습이 진정한 알프스의 진면목이 아닐까 하는 생각이 든다. 마치 '이곳이 돌로미티의 수도야' 하는 듯하다. 진정 멋지고 화려한 모습에, 그저 할 말을 잊는다.

친케토리 절벽 주위로 등산로가 나 있어 돌아보았다. 이곳 역시 제1차 세계대전 당시 격전지였다고 한다. 군데군데 참호의 흔적들이 보이고 대포를 장진하고 있는 인형 장병들의 모습도 실감나게 당시의 모습을 재현해 놓고 있었다. 참혹했던 전쟁의 역사를 묻어둔 채 지금은 전 세계 사람들이 모여들어 대자연의 감동을 즐기고

라가주오이를 배경으로 하는 들꽃 언덕

있는데, 당시 참전했던 조상들이 이 모습을 본다면 어떤 마음일까? 전쟁이란 일부 지도자들의 욕심과 욕망의 발로이지, 진정 일반인이 원했을까 하는 부질없는 생각을 해본다.

   1시간여를 기다리니 일행들이 올라온다. 반가우면서도 한편 탈선의 미안함이 가득한 심정이다. 전망 좋은 테라스 식당에서 스파게티와 맥주로 오찬을 즐겼다. 고된 등산 뒤의 식사인데 맛을 따질 필요가 있을까? 그저 꿀맛이다. 오후 일정은 이곳에서 30분 거리에 있는 아벨라우 산장까지만 올라가면 된다. 멀리 바라다보이는 산장까지 시간제한 없이 각자 올라가기로 했다. 시간 여유가 생기니 주변의 소소한 풍경들에도 눈길이 간다. 이 힘한 곳까지 낑낑대며 자전거를 들고 오는 이도 보이고, 풀밭에 누워 그냥 먼 산만 쳐다보는 이도 보인다. 자그마한 암벽 앞에서 어린아이에게 클라이밍을 가르치는 이도 보인다.

　산장 정상에 오르니 시원한 골바람을 맞으며 뒤로 젖혀있는 천의자에서 망중한을 즐기는 여유로운 모습들이 나타난다. 시원한 콜라 한 잔으로 목을 축인 뒤, 차로 배달되어 온 캐리어를 찾고 방 배정을 받았다. 일행이 11명이어서 10인 다인룸에 간이침대를 추가하였다. 남녀 구분 없이 한방에서 여장을 푼다. 화장실도 샤워실도 남녀공용이다. 이 높은 곳에서 잘 수 있는 잠자리 제공만으로도 고마워하라는 듯하다. 불만이 있을 수 없다. 그저 행복한 산장의 하룻밤이 아닐까?

　추위가 몰려오는 저녁, 실내 레스토랑에서 맛깔나는 이탈리아 식단으로 저녁식사를 한다. 1L에 13유로 하는 하우스 와인이 달콤하기 그지없다. 오랜만에 소나기가 쏟아진다. 밖에는 춥겠지만 안에서 바라보는 심정은 그저 시원하다는 느낌뿐이다. 바람에 덜컹거리는 야외 테라스 천막 천장을 바라보며 고되지만 즐거웠던 오늘의 여정을 마무리한다.

5일차

돌로미티 최고봉 마르몰라다(3,343m)를 바라보며

　새벽에 산장 밖을 나오니 멀리 돌로미티 최고봉 마르몰라다의 만년설이 햇빛에 반짝거리고 있다. 최고봉의 위용답게 높이로나 크기로나 주변을 압도하는 위풍당당한 모습이다. 오늘은 이곳에서부터 고도 2,240m 피소지우까지 내려간 뒤 암브리졸라~피우메 산장~스타울란자까지 걷는 14km 7시간의 코스이다. 고도 2,400m에서 1,700m까지 내려가는 코스이지만 중간중간 가파른 오르막이 있는 코스이다. 중간에 식당이 없어 지난번처럼 모두들 컵라면과 간식을 준비하기로 하였다.
　길은 가파른 내리막길로부터 시작된다. 거의 70도에 이르는 바위틈 내리막길로 정비가 되어있지 않아 한 발 한 발 긴장을 하며 내려간다. 생각보다 험한 내리막길에 모두들 처음부터 식은땀을 흘리는데, 오늘 하루도 만만치 않을 코스임을 직감한다. 일행 중 한 여자분이 무서운지 좀처럼 내리막길을 내딛지 못하고 망설인다. 거의 울 듯한 모양새다. 그러나 원점회귀가 아니기 때문에 달리 방법이 없다. 달래고 달래서 겨우 발걸음을 내딛는데, 조심하면서 걷는 수밖에 없다. 다행히 어젯밤 비가 내려 땅의 지열이 사라지고 주사니 암봉이 햇빛을 가려주어 긴장된 맘을 달래주는 정도이다.

조심조심 가파른 경사길을 내려오니 다행스럽게도 이후로는 부담 없는 완만한 하강길이 이어진다. 길옆 들판에는 온통 들꽃 천국이다. 천연색의 들꽃들이 빼곡하게 채워져 마치 물감을 뿌려놓은 듯한 화려한 모습이다. 40여 분을 내려와 피소지우 언덕에 도착하여 한숨을 돌리는데, 도로 앞 산장에 수많은 사람들이 북적이고 있다. 여러 등산 코스와 도로가 밀집되어 있어 사람들이 운집되어 있는 것이다.

어떤 인공물도 보이지 않는 알프스의 깊은 산속으로

내려온 쪽을 바라보니 주사니 암봉이 커다란 삼각형 뿔 모양으로 웅장하게 서있어, 산장을 앞에 두고 멋진 그림을 연출하고 있다. 뒷모습은 그저 높다란 산이었는데 앞모습은 날렵한 삼각봉의 모습으로 모든 이가 감탄하며 바라본다. 북한산 인수봉이 전면에서는 항아리처럼 매끈한 모습이지만 송추골 뒤편에서 바라보면 모양이 정형화되지 않은, 평범한 것과 비교되는 느낌이다.

피소지우에서 바라본 주사니 암봉

피소지우에서 휴식을 취하는 MTB 마니아

가파른 능선길

　이곳에서부터는 완만한 능선길이 끝이 없이 펼쳐진다. 알프스 깊은 산속으로 들어가는데 소들도 안 보이고 어떤 인공구조물도 보이지 않는다. 가공 없는 대자연 초원의 풍광 속으로 기분 좋게 빠져드는 것이다. 어제와는 달리 구름들이 몰려와 햇빛을 가려주니 산들거리는 바람 속에 최고의 산행 조건으로 더할 나위가 없다.
　한참을 걷다 보니 가파른 고갯길이 나온다. 모두들 힘에 겨워하면서도 한 발 한 발 올라간다. 가쁜 숨을 몰아쉬며 언덕에 올라서니 또 다른 새로운 풍경이 나타난다. 왼쪽으로는 높이를 가늠하기 어려운 암벽들이 수직으로 버티고 있고 오른쪽으로는 넓은 몬데발

평원이 전개되는데 그 뒤로 높다란 펠모산이 웅장한 모습으로 나타난다. 수많은 암봉들의 출현으로 이름을 기억하기가 쉽지 않을 정도이다. 모두들 한결같이 멋있고 화려한 모습이다.

널따란 평원길을 1시간쯤 걸어 제법 많은 물이 흐르는 냇가를 간이 점심 장소로 택했다. 사람의 흔적이 보이지 않아 그냥 냇물을 식수로 사용하는데, 물은 얼음장처럼 차가워 산행의 갈증을 씻어주기에 충분하였다. 천하 제일미의 컵라면으로 요기를 하니 세상 부러울 게 없다. 신발을 벗고 발을 물에 담그고 싶지만 차가운 냉기에 엄두가 나질 않는다.

여기서부터는 난코스가 없다고 한다. 완만한 경사로를 올라가니 암브리졸라 언덕이 나타나고 멀리 산 아래 첫날 숙박 장소인 코르티나 마을이 보인다. 반가운 마음에 당장 내려가고 싶지만 우리는 오른쪽 능선길을 따라 마지막 산행길을 재촉한다. 1시간여의 다소 지루한 능선길을 걸은 뒤 피우메 산장고도 1,917m에 도착하였다. 시원한 생맥주 한 잔에 산행길의 피로가 풀려버린다. 고된 산행 후의 맥주 한 잔을 대체할 맛이 있을까?

갑자기 내리는 소나기에 고민 끝에 코스를 변경하기로 했다. 오늘의 종착지 스타울란자까지는 1시간쯤 남았는데 모두들 30분 거리에 있는 하강 코스를 택하자는 것이다. 편한 마음으로 30여 분을 걸어 주차장에 도착하니 반가운 승합차가 마중 나와 있다. 1시간쯤 이동하여 오늘의 숙박지 트레그로치 호텔에 도착하면서 오늘의 일정을 마무리하였다. 이틀 연박이라 편안한 마음이다.

6일차

에메랄드빛 소라피스 호수로

 대부분 알프스의 산장호텔은 화려한 암봉들이 바라다보이는 전망이 좋은 곳에 위치해 있다. 이곳 산장호텔에서도 새벽에 밖을 나오니 눈앞에서 거대한 돌산이 아침 햇빛을 받아 하얗게 빛나고 있다. 바로 뾰쭉한 모양새가 범상치 않은 3,220m 크리스탈로 암봉이다. 앞뒤로 3,000m급 암봉이 버티고 서있는 호텔의 위치가 너무나도 매력적이다.
 오늘은 이곳에서부터 바로 트레킹을 시작하여 1,980m 소라피스 호수까지 갔다 오는 원점회귀 코스이다. 총거리는 12km이지만 고도차가 적고 바로 호텔 입구로 돌아오기 때문에 큰 부담이 없는 일정이다. 호텔 로비에서 얼음을 무료로 제공해 주고 있어 수통에 얼음물을 가득 채운 채 기분 좋게 트레킹에 나선다. 호텔 앞에서 숲속으로 바로 들어가는데 이른 아침인데도 많은 사람들이 걷고 있다. 특히나 어린 자녀들을 동반한 가족이 많은 걸 보면 이곳이 험하

크리스탈로 암봉

지 않고 멋진 경관이 있을 거라는 기대감을 갖게 한다.

　어젯밤도 비가 내렸는데 등산로는 촉촉하게 젖어 있고, 주변의 야생화들은 물을 머금어 싱싱한 모습들이다. 파란 하늘을 배경으로 크리스탈로 암봉이 계속 뒤따라오는데 멀리 왼쪽으로 친숙한 모습의 돌산이 시야에 들어온다. 바로 작년에 들렀던 트레치메 암봉이었다. 시원스레 솟아있는 모습이 돌로미티의 상징이라는 듯 화려하고 당당해 보인다.

　길은 좁은 외길로 기다랗게 산허리를 따라 펼쳐져있다. 길이가 짧고 편할 거라는 기대와는 달리 이번에도 길은 가파르게 끝이 없이 올라간다. 물기 먹은 미끌미끌한 암석들이 부담스러운데 왼쪽 밑은 천 길 낭떠러지다. 좁은 길임에도 가드레일도 없고, 길바닥은 미끌미끌하니 무척이나 조심스럽다. 이럴 때는 모든 생각을 버리고 그저 밑만 보고 걷는 게 상책이다.

그냥 구슬땀을 흘리며 한 걸음 한 걸음 조심스레 올라간다. 등산객이 많아 빨리 올라갈 수도 없어 순번을 기다리듯 줄을 지어 올라가는 것이다. 들꽃들 사이로 익숙한 풀들이 보이는데 향긋한 취나물 같지만 자신은 없다. 한국의 한 아줌마가 이곳 알프스에서 취나물이라고 잔뜩 뜯어 고기를 싸먹었는데, 만 하루 동안 혼수상태였다는 웃지 못할 이야기가 들려온다. 그제도 냇물로 라면도 끓이고 수통에 물도 채웠는데 이상은 없었다. 상황이 다른 건지, 운이 좋은 건지….

거의 2시간여를 걷노라니 드디어 오늘의 목적지인 반델리 산장이 시야에 들어온다. 소라피스 호수는 보이지는 않지만 바로 옆에 위치해 있다. 산장 옆 언덕에 올라서니 생전에 보지 못했던 독특한 모습의 호수가 시야에 들어온다.

물감을 풀어놓은 듯 완전한 에메랄드 빛 호수가 깎아지른 암봉 밑에 동그랗게 자리하고 있었다. 믿을 수 없는 환상적인

에메랄드빛 소라피스 호수

색채에 할 말을 잃는다. 옥색인 이유를 가르쳐주는 이가 없다. 인터넷을 뒤져보니 광물질 가루가 바닥에 퇴적된 연유라 하는데, 호수로 들어오는 개울물은 먹어도 될 듯 깨끗한 모습인데….

주변의 산 모양새도 특이하기는 마찬가지이다. 하나의 돌산이 말발굽처럼 270도로 펼쳐져 있는데 1,000m가 넘는 바위 봉우리들이 90도로 솟구쳐져 호수를 둘러싸고 있는 것이다. 옛날 바닷속이 융기하여 만들어졌다는데 융기할 때 압력으로 거대한 얇은 띠들이 산 전체에 뒤틀려 문양을 만들고 있는 것이다. 그 어느 곳에서도 볼 수 없을 것 같은 불가사의한 모습이다.

어떻게 저런 환상적인 색채가 만들어졌을까?

어떻게 저런 뒤틀린 문양이 만들어졌을까?

입이 다물어지지 않는다.

이미 수많은 사람들이 호숫가에 앉아서 넋을 놓고 호수의 전경을 바라다보고 있다. 한참을 기다려도 일행들이 올라오지 않아, 시간 여유를 갖고 호숫가를 좀 더 둘러보기로 했다. 호수를 따라 한 바퀴 돌 수 있도록 만들어져 있는 등산로를 따라 걸어본다. 보는 위치에 따라 호수의 뒷배경이 달라진다.

반대편으로 오니 멀리 트레치매가 희미하게 나타나면서, 또 다른 호수의 모습을 연출하고 있다. 호숫가에도 입구와는 달리 넓은 초원이 있어 사람들이 삼삼오오 앉아서 호수의 낭만을 즐기고 있다. 고도 2,000m의 알프스 산속에서 호숫가 일광욕이라니…, 비현실적인 모습에 어안이 벙벙하다.

산장에서 맥주를 주문하니 병맥주가 나온다. 이곳까지 차도가 없어 매일 생맥주 운반이 불가능하고, 모든 식자재도 헬기로 공수한단다. 인건비가 저렴한 아시아에서는 매일 사람이 지게에 지어 나르기도 하는데…, 맥주 한 잔에 스파게티로 점심을 마치니 온몸이 나른해진다.

오후에는 2시간 하강 일정밖에 없어 자유롭게 호텔로 돌아가는 일정인데, 하늘에 먹구름이 몰려오고 있다. 자그만한 우산 하나가 전부인 게 불안해서 그냥 급히 내려가기로 했다. 발걸음을 서둘러 내려오는데 결국 도중에 소나기를 만나고 말았다. 바라다보이는 크리스탈로 산봉우리는 파란 하늘 아래 햇빛에 반짝이고 있는데, 이곳은 장대 같은 소낙비이다.

거꾸로라면 얼마나 상쾌한 모습일까 하며 실없는 생각을 한다. 30여 분의 소낙비를 맞고 나서야 이곳도 구름이 걷히고 뜨거운 햇빛이 내리쬔다. 변화무쌍한 알프스의 산속 날씨를 경험하고 있는 것이다.

일찍 호텔에 도착하니 산속에서 마땅히 할 일이 없다. 이제 일정의 중간이 지나 세탁물을 처리해야 하는데, 안타깝게도 코인 세탁기가 고장이란다. 엉성하게 밀린 손빨래를 하고 뜨거운 햇빛에 말리는데 잠이 쏟아진다.

7일차
돌로미티의 시그니처 트레치매를 걸으며

 오늘은 돌로미티의 하이라이트 트레치매를 둘러보는 일정이다. 이곳에서부터 30분을 차로 이동 후 아우론조 산장2,320m에서부터 트레킹을 시작하여 라바레도 산장~로카텔리 산장2,438m~아우론조 산장으로 원점 회귀하는 9.7km 4시간의 코스이다. 고도 2,999m인 트레치매 암봉을 한 바퀴 도는데, 높낮이가 많지 않으면서 경관이 화려하여 많은 사람이 찾는 곳이다.
 이곳은 워낙 사람들이 많이 찾는 곳이어서, 교통 체증에 대비하여 새벽 6시에 출발해야 한단다. 5시에 일어나 컵라면과 호텔 측에서 준비해 준 과일과 빵으로 든든하게 뱃속을 채운 후 차에 오른다. 가는 도중에 돌로미티 3대 호수라 일컫는 미수리나 호수에 잠깐 들렀다. 크지 않은 호수이지만 알프스의 거대한 암봉들로 둘러싸여 그림 같은 모습을 연출하는 아름다운 호수이다. 다만 차도 바로 옆에 위치해 있어서 그 신비감이 감소되는 느낌이 있다. 어제 걸었던 소라피스산이 높다랗게 정면으로 보이며 호숫가에 잔영을 드리우고 있다. 신기하게 말발굽 모양으로 솟아있는 소라피스 호수 뒤 봉우리들도 선명하게 보인다.

차는 십여 분을 더 달려 아우론조 산장에 도착했다. 작년에 처음 접하고 입이 떡 벌어졌던 바로 그곳이다. 이미 수많은 차로 빼곡한 주차장 한 곳에 주차한 후 산장으로 향했다. 새벽바람이 쌀쌀하지만 곧 해가 뜨면 선선해질 것이므로 얇은 셔츠 한 장으로 추위를 견디고 있다. 떠오르는 해는 구름에 가려있지만 퍼지고 있는 아침 햇빛으로 트레치매 암봉의 윤곽이 서서히 드러나고 있다.

이곳은 트레치매로 유명하지만 사실 제일 화려한 모습은 맞은편에 있는 루카노봉 2,839m이다. 화려한 암봉의 모습으로는 세상 어디에도 견줄 수 없는 최고라는 게 내 개인적인 생각이다. 뾰족한 칼봉우리 여러 개가 하늘을 찌를 듯 솟아있는데 보는 이들 모두가 입을 다물지 못한다. 구름 속에 갇혀 있는 일출 햇빛의 간접조명을 받아 신비스러운 색감으로 빛나고 있는데, 멀리 뒤편으로는 완전한 햇빛 속에 하얀 돌산들이 포진해 있다. 잊을 수 없는 천상의 모습이다.

잘 다듬어져 있는 길을 따라 천천히 걷는다. 트레킹 코스가 짧기 때문에 충분한 시간 여유를 갖고 경관을 살펴보며 걷는 것이다. 길가에는 온갖 야생화로 그득하다. 암봉들과 야생화를 한 컷에 담고자 연신 자세를 구부려 셔터를 눌러댄다. 걷는 것은 자신 있어도 구부려 사진 찍는 것은 생소해, 찍을 때마다 허리가 아파온다. 서서히

아침햇살로 화려하게 빛나는 2,839m 고도의 루카노봉 전경

해가 올라오면서 햇빛이 오락가락 구름 사이를 헤집고 다닌다. 돌산의 풍경들은 햇빛에 따라 수시로 변하면서 천변만화를 보여준다. 가지를 못하고 계속 셔터를 눌러대는 이유이다.

제1차 세계대전 격전지의 흔적이 곳곳에

멀리 초원 아래 충혼탑이 있어 내려가 보기로 하였다. 이곳 돌로미티는 제1차 세계대전의 격전지로 곳곳에 전쟁의 참화가 남아있는 곳이다. 이토록 아름다운 자연 앞에서 전쟁이라니 그것도 사람이 살기도 어려운 험한 산악 한가운데서 말이다. 아무리 생각해도 인간은 무능한 헛똑똑이들 아닌가 싶다. 밑으로 내려가 충혼탑 옆에서 바라보는 트레치매는 분명코 이름처럼 3개의 봉우리가 아니었다. 7개 또는 9개의 봉우리가 펼쳐져 있는데 왜 3개로만 명명했을까? 처음 작명한 사람의 의도를 모르겠다.

라바레도 산장을 지나 로카텔리 산장으로 향하는데 작년의 웃지 못할 해프닝이 생각난다. 내려가기 싫다고 사람들이 거의 다니지 않은 윗길을 택하였는데 다리가 후들거릴 정도로 위험한 험로여서 식은땀을 한참 흘렸던 기억이다. 밑에서 쳐다보는 윗길 험로는 지금 봐도 아슬아슬하고 위험하기만 하다. 출발한 지 1시간여를 지나 로카텔리 산장에 도착하였다. 유일하게 트레치매가 세 개의 봉우리로 보이는 곳이다. 산장 위쪽으로 유명한 뷰포인트가 있다. 전투 참호 자리로, 동굴 속에서 트레치매가 바라다보이는 장소이다. 남들처럼 동일한 포즈로 인증사진을 찍은 후 후반부 둘레길에 나섰다.

오른쪽으로 향하는 회귀길은 끝없이 밑으로 내려가기부터 시작하니 곤혹스럽기 짝이 없다. 200여 m를 수직으로 내려와 다시 오르는 재미없는 루트이지만 one way라 달리 방법은 없다. 고갯길을 넘어 1시간여를 걷다 보니 자그마한 산장이 나왔다. 마침 샘물이 있어 수통에 물을 채워 잠시 휴식을 취하는데 한

참호 속에서 바라본 트레치매 전경

국말이 들려온다. 내 또래의 한국 등산객들이 차를 마시고 있었다. 그동안 열심히 일해온 대가인지 세계의 유명 관광지에는 어김없이 한국인이 넘쳐나고 있다. 내가 젊었을 때는 꿈도 못 꾸었을 일인데, 어쨌든 기분 좋은 일 아니겠나? 1시간을 더 걸어 아우론조 산장에서 점심을 하고 산행을 마무리했다.

산행 후에는 차로 2시간 거리인 서부지역 발가르데나로 향했다. 동부지역 트레킹을 끝내고 남은 2일 동안 서부지역을 돌아보기 위

해서이다. 30여 분을 지나니 순식간에 주변 경관이 바뀐다. 암봉들은 사라지고 푸른 산들이 주변을 가득 채우고 있다. 드문드문 커다란 옥수밭들도 지나간다. 가는 도중에 산골인데도 교통체증 현상이 나타나는데, 오늘이 토요일이라 관광객이 급증한 이유인지도 모르겠다. 2시간여를 달려 호텔에 도착하였는데, 기사는 교통체증을 잘 피해 제시간에 도착했다고 너스레를 떤다.

호텔에 체크인을 하니 무제한 버스 승차권을 나누어 준다. 버스를 타고 1km 거리에 있는 시내로 향했다. 마을 풍경은 자그마한 규모로 정갈하기 짝이 없는 조용한 모습이다. 마트에 들러서 와인과 달콤한 과일들을 한 아름 안고 식당으로 향했다. 오랜만에 피자와 와인으로 포식하니 세상 부러울 게 없어진다. 식당 너머로 내일의 산행지인 사쏘롱고 봉우리가 보이는데, 선선한 저녁 날씨에 걸어서 호텔로 돌아왔다.

8일차

사쏘롱고 암봉을 지나
알프디시우시 대평원으로

　새벽 산책길에 나섰다. 이곳은 우뚝 솟아있는 사쏘롱고 암봉을 뒷산으로 수많은 트레킹 코스와 스키장이 포진해 있는 관광의 전초기지 마을이다. 호텔과 숙박형 아파트가 밀집된 곳이라 하는데 깨끗한 모습과 시원스러운 산세, 맑은 개울에 한껏 정감이 간다. 개울가 위쪽으로 가늘지만 높다랗게 폭포수가 떨어지고 있는데, 옆으로 급경사 풀밭에서 염소들이 풀을 뜯고 있다. 희한하게도 흰색과 검은색이 앞뒤로 반반 나누어진 모습이 눈길을 끈다.

　언덕 위의 하얀 집에 조각 예술의 집이라 적혀있어 올라가 보니 목공예 공방이었다. 이곳은 특히 목공예가 발달하였다 한다. 거리 곳곳에 설치되어 있는 동상, 조형물이 모두 나무 조각으로 이루어져 있다. 자연 풍파로 보존성은 떨어지겠지만 알프스 풍광에 무척 어울리는 모습들이다. 새벽이라 문은 닫혀있지만 유리창 너머로 보이는 나무 조각품들은 무척 섬세하고 정교하여 갖고 싶은 욕망을 불러일으킨다. 선진국의 높은 물가답게 가격은 상상 이상으로 높게들 적혀있어 눈 호강으로 만족해야 할 것만 같다.

오늘은 이쪽 최고의 명소 사쏘롱고를 트레킹하는 날이다. 돌로미티는 크게 동부와 서부로 나누는데, 동부는 트레치매로, 서부는 사쏘롱고가 대표 랜드마크로 회자되고 있다. 식사 후 차로 30여 분을 이동하여 파소셀라에 도착하였다. 파소는 언덕이라는 단어이니 굳이 번역하면 셀라 언덕인 셈이다.

이곳은 고도 2,180m에서부터 트레킹이 시작된다. 당초에는 아우쿠스트 산장~ 피아토 산장~몬타로 산장으로 하산하는 일정이었으나, 좀 더 욕심을 부려 알프디시우시 대평원까지 둘러보는 17km 7시간 코스로 연장하였다. 고도차가 200여 m밖에 되지 않아 큰 부담 없이 걸어갈 수 있는 수준이다.

파소셀라에 도착하니 높이를 가늠할 수 없는 거대한 사쏘롱고 암봉이 눈앞에 바로 전개된다. 크기나 모양새가 트레치매와 매우 흡사하다. 거대하고 화려한 모습에 모두들 감탄하고 입을 다물지 못하는데, 서부의 하이라이트 명소에 손색이 없는 모습이다. 이미 많은 등산객이 올라가고 있는데 길이 평탄한 탓인지 자전거 행렬도 줄줄이 이어지고 있다. 산장 앞에 무료 전기 충전시설이 설치되어 있어 전기자전거 등산객을 돕고 있다. 다만 차는 높은 언덕 위까지 통행, 주차가 가능한데 20유로씩 입장료를 받고 있다.

사쏘롱고를 배경으로 여러 컷의 사진을 촬영한 뒤 본격적으로 트레킹에 나섰다. 길은 평탄하고 바람은 선선하니 신선이 되어 하늘을 걷는 기분이다. 드넓은 시야에 파노라마 연봉들을 바라보며 세상을 걷는 느낌이 어디 비할 곳이 없다. 걷다 보니 물감을 뿌려놓은 듯한 들꽃들 속에서 휘파람 소리가 들려온다.

아무리 둘러봐도 모습이 안 보여 궁금해하는데 바로 이곳에서만 자란다는 마모토의 울음소리란다. 토끼처럼 귀엽게 생긴 모습으로 풀밭 사이에 구멍집을 짓고 산다는데 휘파람 소리가 맑은 새소리와 흡사하다. 다시 두 눈 부릅뜨고 찾아봐도 모습은 보이지 않아 섭섭한 마음이다.

아침부터 고산지대 빵가게에 줄이 선다

30여 분을 걸어 산장이 나타났는데 긴 대기줄이 보인다. 가까이 다가가 보니 아침 빵을 구입하려는 행렬이었다. 갓 구운 도넛을 잔뜩 쌓아놓고 팔고 있는데 먹음직스러운 모습이다. 아침 뷔페로 든든해진 뱃속이 거부하여 그냥 지나치기로 했다.

평탄한 길이라 온갖 부류의 등산객이 몰려들어 걸어가고 있다. 요즈음 우리나라도 비슷해지지만 문신한 모습들이 흔하게 보인다. 서양인의 절반 이상이 문신을 한 듯 보이는데 그 다양함에 구경하는 재미가 솔솔하다. 기괴한 악마 스타일의 문신도 많지만 익살스러운 애교 스타일의 문신들도 보인다. 양 장딴지 밑으로 미키마우

아침부터 고산지대 빵가게에 줄을 선다

스를 앙증맞게 그려놓은 모습에 웃음이 절로 난다. 사진을 찍고 싶지만 프라이버시를 존중하여 생략하였다.

중간중간 산장들이 나타나 부담 없는 트레킹이 더없이 즐겁기만 하다. 이곳은 넓은 평원이 존재한 탓인지 풀을 뜯는 소들이 자주 보이는데 소들도 서양인을 닮았는지 몸집이 상상 이상으로 커다랗다. 방목을 하는데 드문드문 방어줄을 쳐놓아 이탈을 막고 있는 모습이다.

3시간여를 걸어서 점심 장소인 몰리뇽 산장에 도착하였다. 먼저 걸어간 탓에 팻말만 보고 걸었는데 뒤의 일행은 작은 샛길로 가로질러 왔단다. 결국 산장 도착시간은 비슷했는데, 어차피 걷자고 온 길이라 많이 걸은 게 싫지만은 않다. 시원한 맥주에 계란프라이, 베이컨이 점심식사로도 그만이다. 이번 트레킹 중에 마신 맥주가 도

대체 얼마나 되는지…, 숭늉같이 마셔댄다.

거대한 들꽃군락의 대평원을 바라보며

식사 후 추가된 코스인 알프디시우시 대평원에 들어섰다. 이곳은 2,200m 고지대인데 크기를 가늠할 수 없는 대초원이 나타난다. 거대한 알프스의 암봉들로 둘러싸이지만 않았으면 지평선이 보였음 직한 광활한 평원의 모습이다.

가이드의 이야기로는 지난달까지 온통 노란 들꽃천지였다는데 아쉽게도 다 사라진 상태이다. 그래도 하얀 클로버 꽃들이 장대하게 펼쳐져있다. 이토록 거대한 들꽃군락을 전에 본 기억은 없다. 가슴이 뻥 뚫리는 시원함이 몰려온다.

5km가 넘는 거리의 대평원을 기분 좋게 걷는다. 고원지대의 시원한 바람, 거대한 암봉들로 펼쳐지는 알프스의 파노라마를 바라보며 걷는 이 길을 비할 곳이 있을까 싶다. 행복한 초원길이 끝없이 이어진다.

1시간여를 걸어가니 맞은편으로 멀리 희미하게 보이는 거대한 암벽 밑으로 등산의 행렬이 나타난다. 언덕 위에 파란하늘을 배경으로 등산객, 자전거의 행렬이 잡지의 화보처럼 꿈결같이 나타난다. 그 행렬의 끝자락에 오늘의 종착지 알프디시우시 파노라마 호텔이 있었다. 도착해서 길었던 오늘의 트레킹을 마무리한다.

알프디시우시 대평원을 바라보며 휴식을 취하는 모습

　1시간 여유가 있어 환타 한 잔으로 갈증을 채운 뒤 S자형 나무베드에서 기분 좋게 오침에 빠져든다. 트레킹을 끝내고 나니 어설프게 빗방울이 떨어지는데…. 간간히 떨어지는 빗방울이 부담스럽기보다는 시원하게 다가온다.
　행복한 걸음!
　이제 내일 마지막 일정만을 남겨놓는다.

9일차

Finale

　오늘은 오전 트레킹을 마친 후 밀라노로 돌아가는 최종일이다. 마지막으로 새벽 산책길에 나선다. 밤새 비가 쏟아져 호텔 앞 테라스 의자들이 폭삭 젖어있다. 비 온 뒤 한층 더 정갈해진 마을길이 더없이 포근하다. 어제와는 달리 아랫길로 향했다. 도로가 좁아 인도는 한쪽밖에 없다. 중간중간 건널목을 이용하여 왼쪽 오른쪽 번갈아가며 인도를 따라 걷는 방식이다.

　이곳이 이탈리아인데도 도로 간핀에는 독일어가 많이 보인다. 과거 오스트리아 땅이 제1차 세계대전 후 이탈리아로 편입이 된 배경 탓이라고 한다. 주민들의 언어도 독일어가 혼재되어 있어 국가의 정체성이 애매한 곳이라 하는데 주민들의 심정이 어떠한지는 가늠이 안 된다. 30여 분을 산책하다 돌아와 호텔에서 아침식사를 했다. 알프스 산간지역의 과일들은 유난히도 달콤하다. 살구, 자두, 수박 맛이 설탕이다.

세체다 암봉 전경

   오전 트레킹은 이곳에서 차로 산타 크리스티나까지 30분을 이동하여 케이블카로 올라가서 시작된다. 고도 2,100m 페르메다 산장에서 출발하여 세체다 전망대2,519m~세체다 능선길을 걸은 후 산타 크리스티나로 돌아오는 9km 4시간의 짧은 코스이다.
   케이블카에서 내리니 시원스러운 고원지대의 목가적 풍경이 눈에 들어온다. 어제 걸었던 알프디시우시 평원 같은 넓은 초원에 가슴이 뻥 뚫리는 느낌이다. 넓은 초원 속에 드문드문 농막 같은 목조건물들이 점점이 박혀있고 여러 사잇길이 그물망처럼 보인다. 오른쪽으로 보이는 어제 걸었던 사쏘롱고 봉우리는 잔뜩 낀 구름 속에서도 얼굴을 내미는데, 아쉽게도 세체다 앞의 높은 봉우리는 구름 속에 가려져 보이질 않는다.

드넓은 초원 가운데 완만한 도로를 따라 걷기를 시작한다. 주도로는 특이하게도 가운데는 흙길 그대로이고 바퀴가 굴러가는 양옆으로만 콘크리트가 포장되어 있다. 경비절감인가? 고도차는 400m인데 멀리 세체다 전망대는 금방 올라갈 수 있을 듯 가까워 보인다.

일주일간 걸어보니 다리에 근력이 생겼나 보다. 오르는데도 숨이 차질 않는다. 멋진 풍광, 시원한 바람 때문인지도 모르겠다. 행복한 오름길이 계속된다. 이곳 들꽃들은 노란색이 주류인가 보다. 온통 노란색으로 들판이 도배를 하였다. 구름에 가려 시시각각 숨바꼭질을 하는 암봉들을 배경으로 드넓게 퍼져있는 노란 들꽃 초원이 몽환적인 모습으로 다가온다. 시원한 바람은 얼굴을 때리고 햇빛은 가려져 그 상쾌함은 비할 바가 없다. 하늘 위를 걷는 천상의 걸음이다. 숨이 차서 쉬는 게 아니라 풍광에 매료되어 가다서기를 반복한다.

언덕 위 전망대에 오르니 원형의 철판구조물이 있는데 둘러싸고 있는 산들의 명칭과 전 세계 주요 도시들의 거리가 각인되어 있었다. 서울이 없어서 조금 아쉬운데, 도쿄도 안 보인다. 바로 옆에 높게 십자가에 못 박혀있는 예수상이 있는데, 예상한 대로 목각이다. 대단한 목공예 마을! 멋진 장인들 파이팅이다.

모자로 햇빛을 가린 채 꿈속으로 들어간다

시원한 바람을 맞으며 20여 분 능선길을 지나 트로이어 산장에서 점심을 했다. 토마토 스파게티와 시원한 생맥주로 배를 채우니 잠이 쏟아진다. 젖혀있는 의자에서 모자로 햇빛을 가린 채 꿈속으로 들어간다.

화려하고 멋진 암봉들,
끝없이 펼쳐지는 대초원,
형형색색 들꽃들의 향연,
얼음장처럼 차가웠던 샘물,
치열했던 전쟁의 흔적들,
행복한 표정의 등산객들,
어느 것 하나 놓칠 수 없는 소중한 기억들이 아닌가!
황홀했던 여름날의 잔영들이 구름 따라 흘러간다.
깨지 않고 그냥 머물렀으면….

10일차

에필로그 "나 돌아갈래! 돌로미티로"

아쉬움을 가득 안고 인천공항에 도착하였다. 예상한 대로 12시 한낮의 찌는 듯한 열기가 온몸을 싸고돈다. 그래도 그리운 마음으로 시원한 리무진 공항버스에 올라타 집으로 향했다. 1시간 반 버스 이동 후 내려서 집으로 향하는데, 가는 길이 만만찮다. 한 손으로는 23kg 캐리어를 끌고 다른 한 손으로는 선물 꾸러미를 들었는데, 등짝에는 배낭이 어깨를 짓누른다.

찌는 듯한 무더위에 100m도 못 가서 온몸에 땀이 흐른다. 가까스로 500여 m를 걸어서 땀에 흠뻑 젖은 채 아파트 엘리베이터에 당도하였는데, 엘리베이터 안이 캄캄하다. 뭔가 이상하다 생각하는 순간 문이 닫히고 엘리베이터는 멈춰 서버린다. 정전이었다. 비상벨을 누르니 밖에서 큰일 아니니 조금만 기다리라는 외침이 들려온다. 전기 과부하로 엘리베이터가 멈추었단다. 성격 급한 대로 억지로 문을 여니 다행스럽게도 열린다.

고치는 데 1시간 정도 걸린다고 기다리란다. 16층까지 무거운 캐리어를 옮길 자신이 없어 집으로 전화를 하니 모두들 불쾌지수가 극에 달해 있으니 불평 말고 그냥 공원에서 기다리란다. 이 더운데…. 오마이갓이다.

잠깐 생각하니 갈 곳이 한 곳 생각난다. 스마트폰으로 자동차 시동을 걸어 헬스장으로 향했다. 무거운 짐은 트렁크에 싣고 시원스레 샤워를 하고 나니 아내에게서 정전이 해결되었다고 연락이 왔다. 급히 차를 몰고 와 다시 캐리어를 내렸는데…, 또다시 정전이다. 미치겠다. 집에 가기가 등산보다 어렵다.

샤워장에 다시 갈 수도 없고, 생각 끝에 머리를 깎으러 갔다. 머리를 깎고 2시간 만에 집으로 들어갔다. 천신만고 끝에 입성한 집이다. 허겁지겁 감칠맛 나는 라면 한 그릇을 비웠는데, 마음은 콩밭으로 간다.

"나 돌아갈래! 돌로미티로."

로카텔리 산장

PART 2
코카서스 3국

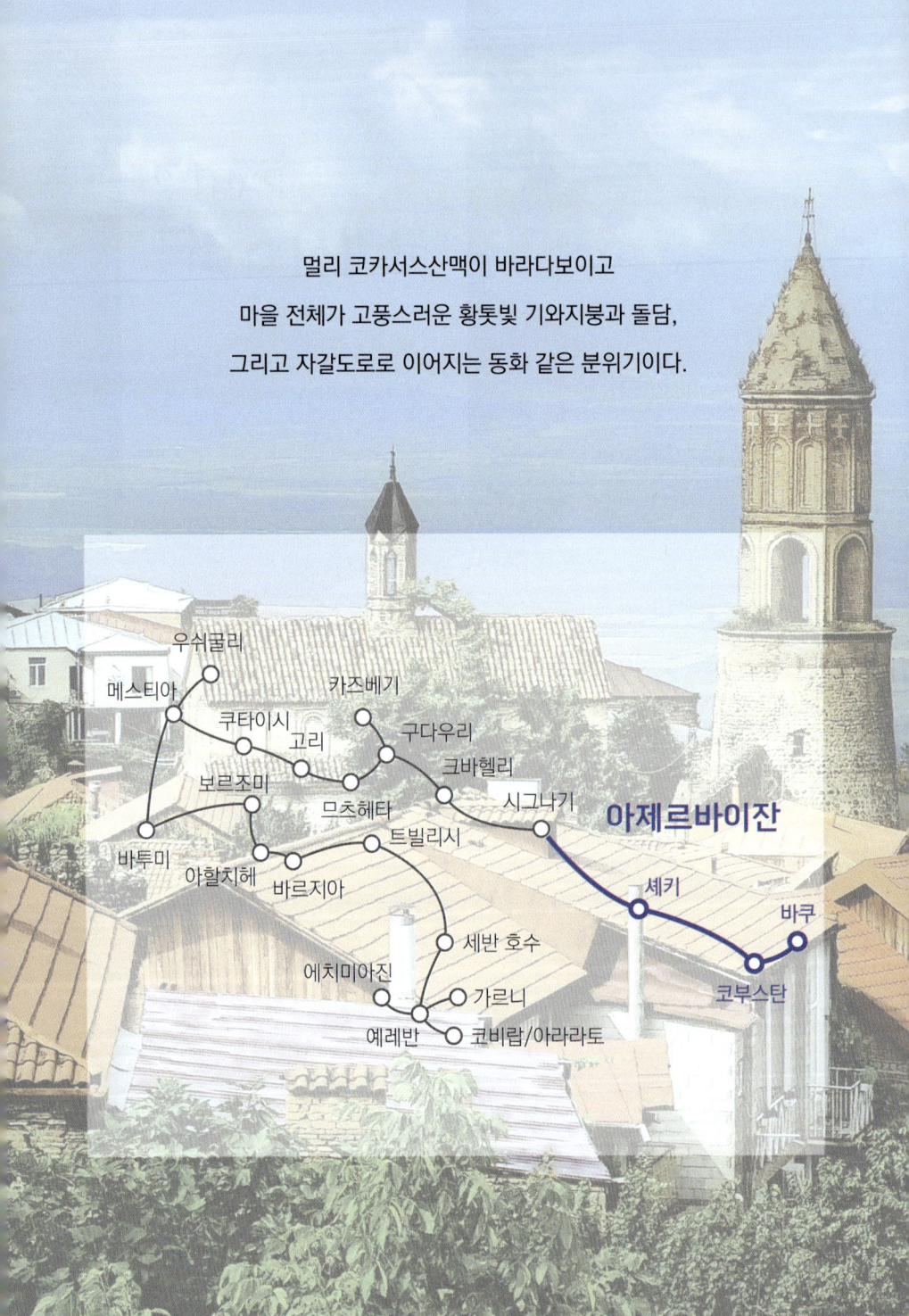

1일차

미사일을 뚫고 코카서스로

 이란과 이스라엘 간의 미사일 전투가 벌어졌다. 과거와는 다르게 양쪽 수도가 파괴되면서 점점 더 격화되어 전면전으로 확산되는 분위기이다. 우리와는 수천 km 떨어져 거의 지구 반대쪽 이야기라 강 너머 불구경하듯 쳐다보았는데…, 뜻밖에도 나에게까지 불똥이 떨어진다.

 반년 전부터 예약하고 준비했던 코카서스 여행의 항공노선이 문제가 되었다. 아제르바이잔의 수도인 바쿠까지의 직항로가 없어 두바이에서 환승하는 일정이었는데, 두바이-바쿠 간 노선이 취소되어 버린 것이다. 미사일 공방전의 포화 속에 이란 영공을 통과할 수는 없는 노릇이다. 주최 측에서 차선책으로 알마티를 경유해 가는 항공편을 알아보겠다고 연락이 왔다. 급하게 찾다 보니 운항 시간도 길어지고 환승 시간도 8~24시간까지 늘어나지만 감내하란다.

 한쪽에서는 생과 사를 다투는 전쟁이 벌어지고 있는데도 유희 일정이 무너져버린 아쉬운 마음을 다독이기가 쉽지 않다. 사람 맘이 그렇게 이기적이다.

언제 전쟁이 마무리될지 몰라 20일 후의 귀국노선까지 4개의 항공 일정이 바뀐다 해서 마음을 정리하고 있는데 한나절이 지나자마자 희소식이 들려온다. 아무래도 항공사 측에서 비행노선들이 취소되는 것으로 경제적 부담이 컸나 보다. 바쿠까지 이란 영공을 통과하지 않고 예루살렘 왼쪽을 지나 튀르키예 상공으로 길게 돌아서 가는 것으로 항로만 변경하겠다고 한다. 2시간 반 거리를 6시간에 걸쳐 돌아가겠다고 하는데 모두들 환호성이다. 못 갈지도 모른다는 절망감(?)에서 벗어나는데, 서너 시간 낭비하는 정도야 충분히 감내할 수준 아니겠는가?

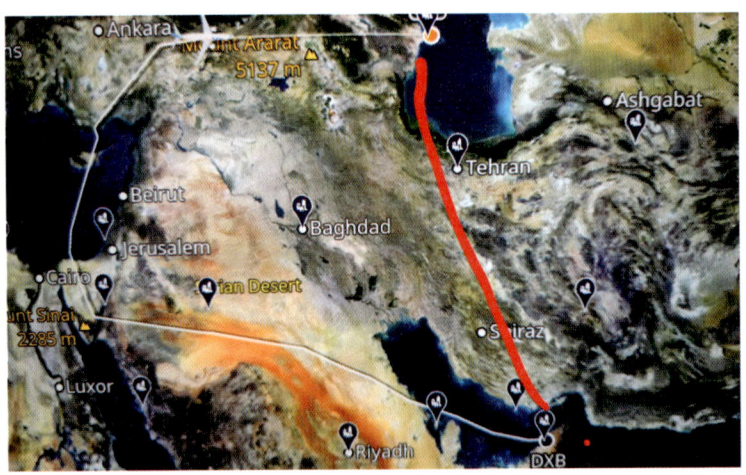

우회 항공로 지도

이번 일정은 세미패키지로 교통과 숙소를 여행사에서 책임지고 현지에서는 대부분 자유일정이 주어지는 방식이다. 20일에 걸쳐 조지아, 아르메니아, 아제르바이잔을 돌아보는 일정으로 힘들지 않은 코스 같아 아내와 동행하기로 했다.

아내와 동행하게 되면 작은 긴장감이 돈다. 아무래도 여자들은 여건들에 민감하여 디테일이 절대적으로 중요하다. 특히 식당 고르기가 만만찮다.

당연히 음식이 맛있어야 되고 깨끗해야 할 것이다. 식당 인테리어가 맘에 들지 않으면 음식이 맛이 없어지나 보다. 음식투정이 터져 나온다. 마지막이 가장 난이도가 높다. 값이 싸야 한단다. 맛있고 깨끗하고 인테리어도 멋진데 값싼 식당이 과연 얼마나 있을지….

여행 인프라가 부족한 낙후된 국가들을 돌아보는 것이고 호텔들도 5성급이 아니니 미리 염두에 두라며, 기대치를 낮추는 언질들을 해놓고도 일말의 불안감을 안고 떠난다.

귀하신 마나님을 모시는 돌쇠의 심정으로 카스피해를 향해 출발한다.

2일차

부자나라 항공사에 탑승하여

늦은 밤 12시에 두바이행 비행기에 오른다. 에미레이트항공은 부자나라답게 모든 게 풍족하고 여유롭기만 하다. A-380 최신형 비행기에 나오는 음식도 수준이 높고 승무원도 너무 많아 기억을 못 할 정도이다. 석식으로 한국식 닭고기 요리가 나오는데 뜻밖에도 김치가 곁들여진다. 잼, 치즈, 버터는 기본이고 과일 샐러드에 튜브 고추장까지 나온다. 얘기를 하지 않았는데도 젓가락이 필요하지 않냐면서 손에 쥐여준다.

아무리 풍족하고 여유로워도 사람들의 패턴은 변하기 어려운가 보다. 약간의 웃돈을 지불하고 넓은 비상통로 자리를 잡았는데 바로 앞이 주방이다. 본의 아니게 승무원들의 주방 내 작업을 지켜보게 되었다. 무척이나 바쁘게 움직이는 것 같은데도 서빙이 더디기만 하다. 주방 안에서는 계속 달그락거리는 소리가 들리고 모두들 진지한 표정으로 부산하게 오가는데 더디기만 하니 자꾸만 웃음이 나온다.

　맨 앞자리라 먼저 음식을 받았는데 추가로 콜라 한 잔을 더 요청하니 잠깐 기다리란다. 맨 끝까지 음식 서빙을 마치고 나서야 돌아와서 콜라를 따라준다. 요청을 기억하면서도 고지식하게 전 승객 음식 배분을 끝낸 후 다가온 것이다. 서빙하는 동안 여러 차례 내 앞을 지나갔는데도….

　우리나라 직원들과는 달리 융통성과 순발력이 부족해 보이니 웃음이 나왔나 보다. 분명히 좋은 시스템이 있고 잘 교육을 받은 것 같은데 조금이라도 규정을 벗어나는 건 해서는 안 된다고 생각하는 듯하다. 이슬람의 율법문화가 그러한가? 착륙 전 담요를 걷을 때도 자기구역 외에는 바로 옆자리 담요도 걷지 않는 행동에 실소가 나오지만 성실한 모습에 자꾸만 눈이 간다.

　그래도 넘치는 여유 속에 친절하고 따뜻한 미소가 여행객을 즐겁게 만든다. 조금 느리면 어떻고 조금 서투르다고 문제될 게 있을까? 시리아 사막 상공에서 미사일을 만날지도 모르는데….

3일차

불의 나라 아제르바이잔 바쿠로

　코카서스 3국 중 익숙하지 않아 항상 세 번째로 언급되는 국가라 생각했는데 의외로 부유한 국가가 아제르바이잔이다. 천만 인구이면서 남한과 비슷한 땅덩이를 가지고 있는데, 석유와 가스 그리고 금과 같은 지하자원이 풍부하여 3국 중 경제적으로 가장 풍족한 삶을 누리고 있단다.

　오늘은 수도 바쿠에서 1시간 거리에 있는 코부스탄Qobustan 암각화 유적지를 방문한다. 평균 인당 국민소득이 8,000달러 정도라는데 바쿠의 분위기는 화려하고 깨끗한 유럽선진국의 모습이었다. 부의 집중이 이곳에 몰려있는 듯 사람들은 서구적인 인상에 옷차림도 세련되고 표정들도 여유가 넘쳐흐른다.

　시가지를 가로지르고 왼쪽으로 수평선이 펼쳐지는 카스피해를 바라보며 잠시 한눈을 파는가 했는데 금세 도시를 벗어났다. 곧바로 황톳빛 사막이 나타나는데 여기저기 석유 채굴기들이 바쁘게 움직이는 모습이 보인다. 이곳에서는 땅만 파면 석유가 나오는데 우물이 없어 힘들다고 가이드가 너스레를 떤다. 멀리 이탈리아까지 송유관으로 연결되어 원유를 수출하고 있단다. 내륙 국가이기 때문에 해운이 불가능해서 수출노선이 항상 문제가 되는 것이다.

카스피해의 바다 명칭도 흥미롭다. 소련연방 시절에는 바다가 아니고 호수로 불렸다고 한다. 바다와는 달리 호수 속 지하자원은 주변국가의 공동소유 원칙이 있어서 소련이 일방적으로 호수로 명명하였다고 한다. 결과적으로 세계에서 가장 큰 소금 호수가 되었다하니 쓴웃음이 나온다. 지브롤터를 막으면 지중해도 호수가 된다는 개념은 아니겠지….

소련연방이 해체된 뒤에 다시 바다로 불리게 되어서 지금은 카스피해로 불리고 있다. 어쨌든 석유자원 때문에 코카서스 3국 중 가장 부유해진 나라의 수도를 돌아보고 있다.

사막을 1시간 정도 가로질러 가니 유네스코 세계문화유산으로 등재되어 있다는 코부스탄 암각화 유적지가 나왔다. 사막 한가운데 솟은 거친 돌산에 6,000여 점의 암각화가 새겨져 있는 세계적인 유적지로, 1930년대에 발견되었다고 한다.

물 한 방울 없는 사막 한가운데서 어떻게 사람들이 살았을까? 의구심부터 인다.

고맙게도 입구 쪽에 있는 박물관에서 암각화의 역사와 배경들을 다양한 그래픽으로 상세하게 설명을 해주고 있었다.

2만 년 전 구석기시대부터 청동기시대까지 다양한 암각화가 그려졌다는데 과거에는 숲이 울창하고 온갖 동물이 살았다고 한다. 기후뿐만 아니라 카스피해 해안선도 수시로 들락날락 바뀌는 등 수많은 생태계의 변화가 있었단다. 수십 년 사이에도 기후가 바뀌면서 사람들이 혼란스러워하는데 수만 년 사이의 변화는 오죽했으랴.

군무가 새겨진 코부스탄 암각화

수천 년 전 선명한 군무의 암각화를 바라보며

　암각화에는 염소, 사슴, 들소 등 산짐승뿐만 아니라 고래 같은 바다생물과 사람들의 다양한 모습, 커다란 배, 사냥도구들도 보인다. 만 년 전부터 여러 세대에 걸쳐 그려졌기 때문에 동일 사물이라도 거친 표현부터 현대 그림처럼 세련된 모습까지 다양하게 그려져 있는 게 흥미롭다.
　특히 눈길을 끄는 것은 사람들의 집단 군무였다. 열 명이 춤을 추는 모습인데 표현은 단순하지만 코카서스 특유의 군무 모습이 확연하게 나타나 있다. 강렬한 동작의 댄스가 수천 년 전부터 시작되었다니 절로 입이 벌어진다. 그것도 빼도 박도 못할 유적으로 입증을 하고 있으니, 군무에 대한 자부심이 대단하리라 짐작이 간다. 결혼도 선사시대부터 있었나 보다. 손잡고 치장한 남녀의 결혼식(?)도 보이고 임신한 여자도 그려져 있다. 커다란 소가 역동적으로 그려져 있는데 소 사냥을 훈련하는 표적이었다고 설명을 한다.
　수많은 표현이 수천 년 전부터 그려지고 지금까지 보존되어 왔는데 보고 있노라니 마치 과거 원시인으로 돌아간 듯한 생동감을 느끼게 된다.
　아마추어의 눈이지만 규모나 내용으로나 세계 최고 수준으로 느껴지는데 왜 대중적으로 널리 알려지지 않았을까? 나도 이곳에 와서야 암각화의 실체를 알게 되었는데, 혹시 나라의 위상 때문에 소외되지는 않았는지…, 스쳐가는 생각이다.

유적은 곳곳에 직원들이 상주하며 세심하게 보호하고 있었다. 경제논리로 수몰 위기에서 보존 여부를 두고 갑론을박하는 사이에도 훼손되고 있는 반구대 암각화가 안쓰럽다. 국가의 이미지는 경제적인 부로만 결정되는 것은 분명 아닐진대, 천박한 소모적인 논쟁이 끝나질 않고 있다.

오후에 바쿠 시내를 돌아보기로 하였다. 아제르바이잔은 역사 이전부터 꺼지지 않고 불타고 있는 가스화산, 3천 년 전부터 시작된 불을 숭상하는 조로아스터교처럼 국가명도 '불의 수호자'라는 명확한 상징성을 가진 나라이다.

바쿠는 이러한 불의 이미지를 완벽하게 표현하며 국가를 대변하고 있는 느낌이다.

바쿠의 상징 플레임 타워

도시 곳곳이 불을 상징하는 문양으로 둘러싸여 있는데 가장 확실한 랜드마크는 높이 182m, 33층 높이로 불꽃처럼 세 개의 빌딩이 드라마틱하게 솟아있는 플레임 타워Flame Tower였다. 도시 중앙에 높이 솟아있는데 밤에는 불꽃 조명쇼까지 화려하게 펼쳐진다고 한다.

곡선의 빌딩은 직면체에 비하여 공사비도 훨씬 많이 드는 반면 효율성이 떨어져 대부분 기피하는 건물이다. 벽면의 타일이나 유리가 전부 상이하여 기계적으로 동일하게 찍어내기가 불가능하기 때문이다. 그럼에도 플레임 타워는 멋진 유선형 불꽃 자태로, 자국민은 물론이고 국제 방문객에게 가장 많이 회자되는 바쿠의 상징물이 되었다.

그 외에도 백화점, 호텔 등 많은 건물이 불꽃 문양을 모티브로 하

플레임 타워 전경

고 있어 도시의 상징을 잘 구현해 주고 있었다. 당국에서 동일한 모양의 건물을 못 짓게 하는 방침을 정했는데도 불구하고 도시 전체적으로 균형감과 통일감을 유지하고 있는 이유이다.

올드시티에서 쉬르반샤 궁전을 둘러보았다. 15세기 건립된 궁전으로 다양한 생활 흔적이 남아있지만, 사암건물로 작고 소박하여 궁전이라 부르기에는 민망할 정도의 모습이었다. 석유가 나오기 전에는 모두가 거들떠보지도 않았던 변방의 소외된 지역이었을 거라는 이미지가 확연하게 들어온다. 다만 실크로드의 길목에서 시장이었던 흔적들이 보이며 옛 영화를 떠올리게 한다.

올드시티 중심에 서있는 29m 높이의 메이든 타워Maiden Tower는 건축연대와 용도가 불명확한 건물인데도 국가의 또 다른 상징이 되어 있었다. 화폐에도 그려져 있다는데 5m의 불가사의한 두께로 견고하게 지어져 카스피해를 굽어보고 있다. 조로아스터교 신전, 감시탑, 방어시설 등 다양한 추측이 있고 설립연대도 기원전에서부터 중세에 이르기까지 여러 설이 있다고 한다.

하루 종일 다양한 모습을 둘러보았지만 바쿠는 역시 활활 타오르는 불꽃의 모습이 대표 이미지라는 생각으로 정리가 된다.

고풍스러운 사암 레스토랑에서 만찬을

　제법 역사가 있을 듯한 고풍스러운 사암 건물 레스토랑에서 만찬을 한다. 전통 양갈비가 나오고 커다란 빵과 다양한 샐러드가 곁들여지는데, 전통 악기를 든 가수들이 테이블을 돌며 흥을 돋운다. 특유의 아랍풍 가락으로 단조의 하이톤 목소리가 울려 퍼지는데, 술이 거나해진 현지 젊은이들이 무대로 나와 흥에 겨워 춤을 추기 시작한다. 바로 암각화에서 보았던 군무의 모습들이었다. 무릎을 세웠다 굽혔다 하며 단체로 동작을 맞추는 역동적인 모습들이 화려했을 과거를 연상시켜 준다.
　무대가 무르익자 전문 남녀댄서가 나와 화려한 복장으로 멋진 춤사위를 선보이며 피날레를 장식한다. 수년 전에 서울스카이 전망대에서 조지아 국립무용단이 추었던 힘찬 댄스를 현지에 와서 확인하는 행운을 누리게 된 것이다.
　밖을 나오니 시원한 카스피해 밤바람이 불어와 술기운을 깨워준다. 전망대에 올라 야경도 보고 불바드 해변가도 걷고 싶지만 나른해진 몸이 허락하질 않아 호텔로 돌아가야만 할 것 같은데···. 몸 따로 마음 따로 바쿠의 마지막 밤이 속절없이 흘러간다.

4일차
셰키 칸의 여름궁전으로

　바쿠의 일정을 마치고 셰키로 향한다. 조지아로 넘어가는 길목인 셰키에서 셰키 칸의 여름궁전을 관람하고 하루를 묵어갈 계획이다. 셰키는 바쿠에서 5시간 거리에 위치한 조지아 국경 근처 도시로, 서늘한 기후로 인하여 아제르바이잔의 대표 휴양도시로 알려져 있는 곳이다.

　버스는 도시를 벗어나 북쪽으로 향한다. 한참을 달려 거친 사막을 벗어나니 구릉지대로 풍경이 바뀌면서 광활한 밀밭이 나타났다. 크지 않은 국토임에도 불구하고 지평선이 보일 것 같은 밀밭이 끝없이 전개되는데, 여전히 산은 메마르고 나무들은 보이지 않는다. 추수를 마친 밀밭에서 한가로이 풀을 뜯는 소 떼들의 목가적인 풍경이 평화로운데 간혹 양 떼들의 모습도 보인다.

　5시간의 긴 거리인데도 휴게소도 없고 관광 표지판도 보이지 않는다. 홍차와 과일을 파는 노점상만 드문드문 보일 뿐 관광 인프라가 갖추어지지 않았다. 특히 불편한 것은 화장실이었다. 주로 주유소 화장실을 이용하는데 한결같이 화장실 내 칸막이가 한두 개밖에 없다. 게다가 이곳에는 남자화장실에 소변기가 없어 모두들 여자들처럼 길게 줄을 서서 마냥 기다려야 한다.

 아무리 머리를 굴려 생각해 보아도 이유를 모르겠다. 소변보는 모습을 남에게 보이면 결례인지, 여자들처럼 기다림의 고통을 같이 느껴보라는 건지 알 길이 없다.

 그래도 돈은 받질 않으니 다행인가?

화장실도 주방도 없는 셰키 칸의 여름궁전

 5시간의 긴 여행 끝에 셰키에 도착하니 19도의 서늘한 날씨가 이방인을 반겨준다. 크지 않은 도시인데 자갈 포장도로 옆으로 고풍스러운 석조 건물들이 열 지어 있는 중세도시의 모습이다. 산 중턱으로 많은 고급 별장이 눈에 띄고 마을 중앙으로 실개천도 흐르면서 휴양지의 면모를 보여주고 있어 작은 흥분이 인다. 바쿠에서 많은 휴양객이 온다는데 별장 외엔 별다른 휴양시설들이 안 보여 물어보니 이곳에서는 먹고 마시고 춤추는 게 최고의 휴양이란다. 시간이 지나 좀 더 부유해지면 이곳에도 카지노가 생기고 골프장들이 들어설지 모르겠다.

 작은 냇가 옆으로 나있는 산길을 따라 올라가니 유네스코 세계

셰키 칸의 여름궁전

문화유산에 등재되어 있다는 오늘의 목적지 셰키 칸의 여름궁전이 나온다. 18세기에 지어졌다는 궁전은 의외로 자그마한 모습인데 작은 정원 안에 이미 수많은 사람들이 줄을 서서 입장을 기다리고 있었다. 규모가 너무 작아 한 나라 왕의 별장이라기에는 너무 협소한 규모이다.

 어느 부잣집 별장 같은 느낌인데 입장객도 14명 단위로 끊어 입장을 시키고 있으니 그 규모의 작음이 충분히 설명될 듯하다. 강원도 고성에도 몇 칸짜리 이승만 대통령 별장이 있는데 그런 셈법으로 이해를 해야 하는지…. 오랜만에 일본어도 들리고 중국어도 들린다. 이 자그마한 궁전을 보기 위해 전 세계 사람들이 몰려든다는 게 정말 의아스럽다.

30여 분을 기다리다 입장을 하니 내부 규모는 더 작아 실소가 나온다. 2층 규모인데 1층에는 사무실과 홀이 있고 2층에는 여자들의 방과 칸의 방이 있는 소박한 모습이다. 주방과 화장실, 욕실이 없어 물어보니 모두 외부 건물에 별도로 설치되어 있다고 해, 그 불편함이 바로 눈앞으로 다가온다.

　그래도 이곳이 유명한 것은 내부 인테리어에 있단다. 창문은 스테인드글라스인데 접착제나 못을 사용하지 않고 호두나무를 짜맞추어 그 사이사이에 채색 유리 조각들을 넣어놓아 바깥 햇빛에 총천연색으로 반짝이는 모습이다. 건물을 완성해 놓고도 8년 동안 내부 그림 작업을 했다는데 방 곳곳에 세밀한 그림들이 가득 채워져 있었다. 천상의 과일로 여겨진다는 석류와 포도 그리고 다양한 꽃과 전투 장면이 그려져 있다.

　아무리 정교하고 화려한 인테리어가 있더라도 30m 길이에 18.5m 폭의 작은 규모에서 흥미가 반감되어 버리는 걸 어찌할 수가 없다. 이미 궁전에 대한 기본 사이즈의 기대치가 머릿속에 설정되어 있나 보다. 별다른 특별함이 없는 듯한데도 내부 사진을 못 찍게 하여 어설프기만 하다. 너무 빈약한 모습을 남에게 보여주기 싫은 건 아니겠지….

　궁전 밖을 나와 10분쯤 걸어 내려가니 대상인들의 숙소 카라반세라이가 나온다. 과거 낙타에 짐을 싣고 실크로드를 누볐던 상인들이 묵었던 숙소라는데 약 200개의 숙소가 있었던 큰 규모이고 지금도 호텔로 사용되고 있었다. 건물은 사각형으로 긴 회랑이 설

대상들의 숙소 카라반세라이

치되어 있는데, 숙소 외에도 지하 창고, 물건을 흥정했던 판매 장소, 넓은 숲속 정원을 두루 갖춘 모습이다. 돈 많은 대상들이 북적거리며 물건들을 늘어놓고 흥정하고 한쪽에서는 물담배를 앞에 놓고 노닥거렸을 모습들이 눈앞에 어른거린다.

 밖을 나오니 도로변으로 많은 기념품 가게가 열 지어 있는데, 18~19세기에는 대부분 대상들의 집이었다고 한다. 진열된 상품들이 너무 조악하여 눈으로만 구경하며 마무리하는데 뭔가 허전함이 한가득 가슴속을 메운다. 과거 실크로드를 오갔던 대상인의 화려함은 언제 사라졌는지 쓸쓸한 구멍가게들의 초라한 모습에서 세월의 무상함이 느껴진다.

구름에 휩싸인 코카서스 암봉

화창한 날씨 속 파란 하늘과 짙푸른 코카서스산맥을
배경으로 우뚝 솟아있는 황톳빛 교회,
초원 위로 뿌려진 들꽃 무리가 그림 같은 조화를 이룬다.

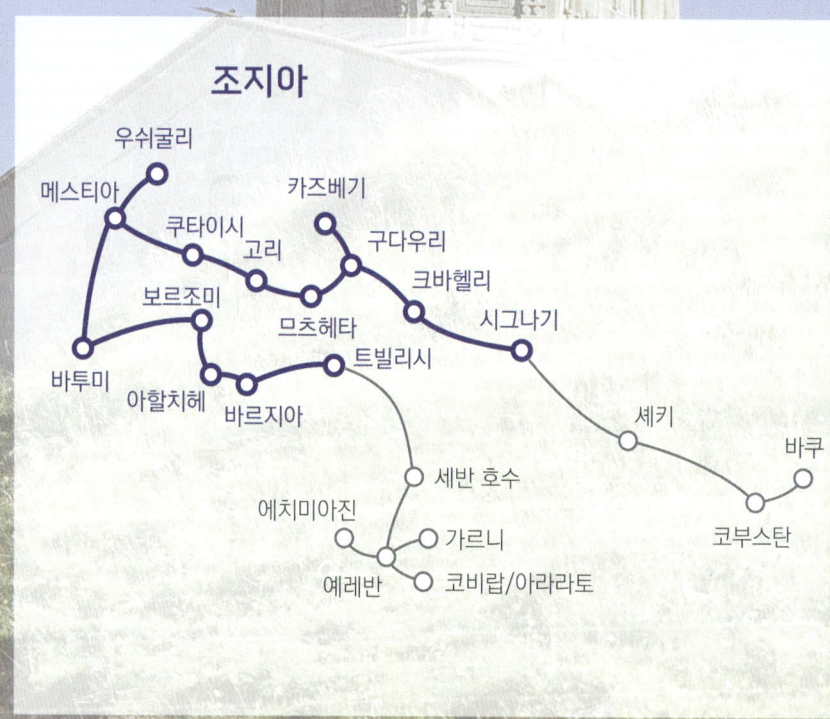

조지아

5일차
조지아의 멋진 마을 시그나기에

오늘은 셰키에서 2시간 거리에 있는 국경도시 라고데키를 거쳐 조지아로 넘어가는 일정이다. 국경 출입국사무소에 관광객이 붐빌 것으로 예상하여 아침 일찍부터 서둘러서 버스에 올랐다. 자칫 사람들이 몰려들면 2시간 이상이 걸린다 하여 마음들이 급해진 것이다.

장대비를 맞으며 국경을 넘는다

국경에 도착하니 다행스럽게도 사람들이 많이 붐비지는 않았는데 의외의 복병이 기다리고 있었다. 새벽부터 떨어지던 빗방울이 굵어져 주룩주룩 내리는데 천장이 없는 민낯 도로를 수백 m 걸어가야 한다는 것이다. 그것도 완만하지만 경사진 오름길이란다. 사람들이 몰려들어 비가 그치기를 마냥 기다릴 수도 없는 난감한 상황인데 달리 방법도 없어 보인다. 작은 우산을 들고 어깨에는 배낭, 그리고 무거운 캐리어를 끌고 걸어가는데 금세 온몸이 젖어버린다. 완만한 오르막길에 사람들의 줄까지 이어지니 세찬 비를 견딜 재간이 없었던 것이다.

물에 빠진 생쥐 꼴이 되어 출입국사무소에 도착했는데 수속은 1분도 채 걸리지 않아 허탈해진다. 이제는 입국 절차를 위해 또다시 쏟아지는 빗줄기 속에 긴 국경다리를 건너며 조지아로 향한다.

처음 겪어보는 당황스러운 빗속의 출입국심사였다. 그래도 양 국가 직원들이 미안했는지 친절한 미소로 응대해 줘 위안이 된다. 추후에는 천정 덮개 작업이 이루어졌으면 하는 바람이지만 이곳은 성질 급하고 재빠른 한국이 아니다. 과연 언제 이루어질지….

조지아의 풍경은 아제르바이잔과 사뭇 다른 모습이다. 국경을 바로 지났는데도 코카서스 깊은 산속의 풍광이 나타나고 곳곳에 포도밭 농원이 펼쳐진다. 마치 포도와 와인만 먹고 살아도 충분하다는 듯 온 천지가 포도밭이다. 얄밉게도 세찬 빗줄기가 언제 그랬냐는 듯이 그치며 맑아지는데, 높은 산들 중턱으로 비구름이 걸쳐 멋진 운무선경을 보여준다. 조지아의 환영 인사인 듯….

1시간여를 달려 점심을 먹기 위해 전통 농가로 들어섰다. 좁은 마을 도로를 따라 커다란 버스가 아슬아슬 곡예 운전을 하는데 차창가로 온갖 과실수가 스쳐간다. 호두나무, 무화과나무, 감나무, 포도나무…, 포도 덩굴이 바라다보이는 야외 식탁에서 점심을 한다.

현지식이라는데 맛깔스러운 채소볶음과 빵, 치즈, 돼지고기에 전통주인 차차와 와인이 곁들여진다. 차차는 포도주를 만든 후 나오는 찌꺼기로 만든다는데 40도를 넘나드는 독주로, 보드카의 느낌이었다. 몇 잔을 돌리고 나니 서늘한 빗속의 한기가 사라지고 긴장이 풀어진다. 마지막 마무리로 나온 따뜻한 홍차가 국경에서의 혼란스러움을 깔끔하게 지워주는 듯 마음을 진정시켜 준다.

비 개인 산뜻한 날씨 속에 카헤티 동굴 와이너리를 찾았다. 조지아를 대표한다는 와이너리라는데 입구부터 잘 가꾸어진 정원이 나타나 마치 보타닉 가든 같은 느낌이 든다. 와이너리는 7km가 넘는 긴 터널 공간으로 이루어져 있다고 한다. 광산이나 방공호 같은 다른 용도가 아니고 순수하게 와인을 위해 긴 터널을 파고 아치형 콘크리트로 완성을 하였다 하니 입이 벌어진다.

크베브리 방식의 와인 항아리

터널 속의 서늘한 기온 때문에 준비해 준 보온 가운을 걸치고 5인조 민속악단의 멋진 환영노래를 들으며 동굴 속으로 들어갔다.

길 옆의 수많은 와인병을 바라보며 길어 들어가는데 땅속에 박아놓은 항아리 앞에서 멈춰서며 안내인이 설명한다. 밀랍으로 코팅한 항아리를 땅속에 묻어놓고 와인을 숙성시킨다는 크베브리 방식으로, 7천 년 전부터 내려오는 조지아만의 독특한 숙성법이란다. 전 세계에서 최초로 와인이 제조되었다고 강조를 하는데 원조의 자부심이 대단한 듯하다. 따라주는 와인은 감별능력이 없어서 아쉬웠지만 가볍게 마실 수 있는 라이트한 맛에 친근감이 들었다.

사랑의 도시 시그나기 마을

맑아진 날씨 속에 시그나기 마을을 찾았다. 과거에는 요새의 역할이 주어지고 이름도 '피난처'의 의미를 지닌 거친 마을이었지만 지금은 마을 자체도 이쁘고 24시간 결혼식장을 운영한다 해서 '사랑의 도시'로 불린다는 매력만점의 마을이었다. 먼저 마을 입구에 위치한 성녀 니노의 유해를 모셔놓은 보드베 수도원을 방문하였다. 수도원은 시그나기의 마을 풍광이 잘 내려다보이는 산언덕에 있는데 9세기에 세워졌다는 고풍스러운 교회가 수도원 중앙에 자리하고 있었다.

비가 개인 오후, 흰 구름이 흩어져 있는 파란 하늘 아래 장미 꽃밭 위로 솟아있는 빛바랜 교회는 바로 천상의 모습이었다. 너무 화려하고 웅장하여 보는 이를 질리게 만드는 유럽성당이 아니고 볼수록 정감이 가서 자꾸만 쳐다봐지는 소박하지만 정갈한 조지아 본연의 자태가 가슴에 와닿는다. 멀리 바라다보이는 산꼭대기 마을 배경은 보너스인 듯….

아쉬움을 뒤로한 채 10여 분을 버스로 이동한 뒤 시그나기 마을에 들어섰다. 마을은 해발 800m 산꼭대기에 위치해 있었는데 멀리 코카서스산맥이 바라다보이고 마을 전체가 고풍스러운 황톳빛 기와

시그나기 마을 전경

지붕과 돌담, 그리고 자갈도로로 이어지는 동화 같은 분위기이다.
  산책로는 돌담 성곽길을 따라 이어지는데 파란 하늘 아래 솟아있는 교회당과 고풍스러운 건물들의 멋진 전경에 모두들 눈을 떼지 못하고 발걸음을 멈춰 선다. 화려하고 세련되었지만 삭막함이 느껴지는 도회지의 모습에 식상함을 느낀 사람들이 진정 감동할 풍광이 아닐까? 소박하고 순수한 조지아의 전경에 하염없이 바라보기를 한다. 차차와 와인에 취하고 멋진 풍광에도 취해 기분 좋게 몽롱해진 하루가 시간을 잊은 채 흘러간다.

6일차

조지아의 옛 수도 므츠헤타로

    이른 아침부터 서둘러 조지아의 옛 수도 므츠헤타로 향한다. 므츠헤타는 기원전 3세기부터 8백여 년 동안 조지아 정치 종교의 중심지 역할을 했던 고도로, 기독교를 국교로 채택한 조지아 정교회의 발상지라고 한다.

    고속도로가 없고 대부분 구불구불 한 2차선 산길 도로여서 이동시간이 많이 걸리지만 이국적인 풍경들을 바라보는 게 지루하지 않다.

    노랗고 하얀 들꽃들이 온 산에 펼쳐져 장관을 이루는데 끝없이 이어진다. 하얀 꽃무리가 보이는가 했는데 이번에는 수많은 양 떼가 벌판을 가득 메우며 풀을 뜯고 있는 목가적인 풍경이 나온다. 거칠게 흐르는 강물도 나타나면서 깊은 산속으로 들어가고 있음을 암시해 준다.

    3시간여를 달려 므츠헤타 인근 조바르리 수도원에 도착하였다.

수도원은 산꼭대기 높다란 언덕 위에 위치해 있는데 당당한 모습으로 므츠헤타의 시가지를 굽어보고 있었다. 교회의 형태는 어제 보았던 보드베 수도원 교회와 똑같은 모습으로, 사진만 찍어놓으면 구분이 안 갈 정도로 비슷하다.
　도심지에서 화려한 단장을 한 유럽의 성당들과는 달리 이곳 교회들은 대부분 산꼭대기에 소박한 모습으로 덩그러니 서있는 형태이다. 하나같이 단아하고 조용한 분위기인데, 굳이 종교의 성스러움을 논한다면 이곳 교회들이 훨씬 더 근사하지 않을까 생각해 본다.
　화창한 날씨 속 파란 하늘과 짙푸른 코카서스산맥을 배경으로 우뚝 솟아있는 황톳빛 교회, 초원 위로 뿌려진 들꽃 무리가 그림 같은 조화를 이뤄 자꾸만 셔터를 눌러댄다.

조바르리 수도원에서 바라본 므츠헤타 시내 전경

스베티츠호벨리 대성당 전경

   버스로 10여 분을 내려가 므츠헤타의 좁은 시내로 들어가니 스베티츠호벨리 대성당이 한눈에 들어온다. 입구에서부터 열 지어 있는 수많은 기념품 가게가 손님들을 유혹하며 관광지의 면모를 보이고 있는데, 유네스코 세계문화유산으로 등재되어 있는 므츠헤타의 랜드마크 관광명소란다. 그리스도의 성의가 안치되어 있다는 장소로 여겨져 종교계에서는 매우 중요한 장소로 인식되며 기독교인의 필수 방문 장소라고 한다.
   돔 높이가 49m이고 길이도 58m인 거대 규모이지만 내부로 들어가 보면 거친 사암들 사이로 성화액자들만이 걸려있는 소박한 모습이다. 어두컴컴한 실내에 촛불들만이 켜져 있어 관광객들이 빠지면 정적만이 흘러 구도의 자세가 느껴질 성스러운 분위기이다.
   밖을 나오니 가이드가 수도원 담벼락을 가리킨다. 돌담 사이사이에 토굴 같은 수도승 방들이 보이는데 지금도 수행하고 있는 곳이란다.

스님들이 토굴에서 면벽수행하는 모습과 오버랩이 된다. 어느 종교나 관계없이 구도하는 자세나 방법은 모두 비슷하지 않나 싶다.

해발 2,380m에 위치한 구다우리 전망대에 올라

차를 타고 본격적으로 코카서스산맥을 올라간다. 해발 2,380m에 위치한 구다우리 전망대에 오르기 위해서다. 소련연방이 해체된 이후 조지아에서도 대부분 소련 관련 조형물들이 해체되었다는데 이곳에 있는 러시아-조지아 우정기념탑만이 남아있다고 한다.

구다우리 전망대에서 코카서스 산속을 바라보며

길은 가파르게 올라가는데 포장이 되어있고 안전하게 가드레일까지 설치되어 있어 부담은 없다. 급경사로 기울어진 계곡을 내려다보며 1시간여를 올라가, 고도 2,300m에 올라서니 넓은 평원이 나타나고 많은 호텔이 보인다. 겨울철에 조지아에서 가장 큰 스키장이 운영되는 곳이었다.

 까마득히 계곡이 내려다보이는 절벽 끝자락에 구다우리 전망대가 있었다. 화려한 벽화가 새겨져 있는 대형 조형물이 반원형으로 세워져 있는데 올라서 보니 확 트인 전망에 가슴속이 뻥 뚫리는 시원함을 느낀다. 짙푸른 산들 뒤로 마치 스키 슬로프처럼 설사 면이 펼쳐진 만년 설산(?)이 위풍당당한 모습으로 전망대를 굽어보고 있다.

 작은 언덕 위에 조지아 국기를 갖다 놓은 뷰포인트가 보이는데, 모두들 사진을 찍기 위해 줄을 서서 기다리고 있어 나도 동참을 해본다. 하얀 바탕 위의 빨간 십자가 국기가 푸른 언덕, 하얀 설산을 배경으로 그럴싸한 조화를 이루고 있다.

 다시 버스를 타고 오늘의 마지막 코스인 거르기 '성삼위일체 수도원'으로 향했다. 산꼭대기를 넘어 내리막길로 접어드는데 길옆으로 기다랗게 컨테이너 트럭 대열이 이어지고 있다. 수백 대인지 수천 대인지 달리고 달려도 끝날 줄을 모르는데, 자세히 보니 주차해 있는 게 아니고 기사들이 차를 몰며 대기하고 있는 상황이었다. 해운이 없으니 육상운송을 할 수밖에 없는데 좁은 도로와 불편한 통관 절차로 대기행렬이 길어진 것이다. 낙후된 경제에는 다 이유가 있고 해법도 있을 건데, 리더들이 그걸 인식할 수 있을까….

밴으로 갈아타고 거르기 성삼위일체 수도원으로

  1시간여를 달려가니 마을이 나타나고, 멀리 산꼭대기에 수도원이 눈에 들어온다. 바로 성삼위일체 수도원이다. 산길이 좁아 작은 밴으로 갈아타고 수도원에 도착했는데 높은 고도 때문인지 다소 쌀쌀한 날씨가 이방인을 맞이한다.
  유튜브에서 여러 번 보아 익숙했던 교회가 눈앞에 나타나 반가운 마음이다. 이곳은 과거 외적의 침입을 피해 중요한 기독교 유물을 옮겨 보관했던 유서 깊은 수도원이라 하는데, 아쉽게도 현재는 보수 중이라 전경을 바라볼 수가 없어 아쉬운 마음이다.
  교회 앞마당에 들어서니 눈앞에 멋진 전경이 펼쳐진다. 높은 산 중턱에 구름이 내려앉아 신비로운 분위기를 자아내는데, 발아래로

거르기 성삼위일체 수도원 전경

코카서스산맥을 뒤로하고 거르기 성삼위일체 수도원 위에서

는 강가를 따라 작고 평화로운 마을이 보인다. 노란 들꽃을 배경으로 셔터를 눌러보니, 흠잡을 데 없는 그림 같은 풍광이 카메라에 담긴다.

  깊은 산속에서 높은 신앙심으로 한 땀 한 땀 세워졌을 수도원을 바라보고 있노라니, 당시 기독교도들의 정성과 믿음이 전해지는 듯 가슴이 뭉클해진다. 다섯 개의 십자가로 이루어진 조지아 국기처럼, 그들의 신앙이 고스란히 숨 쉬고 있는 교회들을 온종일 돌아보며 길었던 하루의 여정을 마무리한다.

7일차
스탈린 생가를 찾아서

　여행은 헤어져야 다음 여행지로 갈 수 있다. 여행은 이별의 행진이며 만남의 인연으로 만들어진다. 오늘은 고리에서 스탈린 생가와 박물관을 방문하고 서쪽 쿠타이시로 넘어가는 일정이다. 코카서스 산악지대에서 내려와 2시간을 달리니 고리시가 나온다. 고리는 약 5만 명이 거주하는 작은 도시다. 스탈린의 고향으로 널리 알려진 곳이다. 2008년 러시아와의 전쟁 이후로 러시아에 대한 조지아 국민의 정서가 급격히 악화되면서, 스탈린에 대한 정서에도 변화가 있었을지 사뭇 궁금했다.

　스탈린 공원은 시내 중심가에 자리하고 있었다. 실제 생가 주위를 전부 공원화하고 박물관을 세운 뒤 생가는 튼튼한 그리스식 구조물로 에워싸서 보존하고 있는 형태였다. 가이드에게 스탈린에 대한 현지 정서를 물어보니 부정과 긍정이 혼재되어 있다고 한다. 러시아 전쟁 이후 부정적인 정서가 확산된 상태인데 특히 젊은 영

박물관 앞에 서있는 스탈린 동상

어세대에게는 매우 혐오스러운 존재로 인식되고 있었다.

박물관은 2층으로, 주로 우상화를 다루는 6개의 전시실로 구성되어 있다. 2010년 정치적 탄압을 소개하는 7번째 전시공간이 추가되었다. 바로 2008년 전쟁 직후의 일이다. 고향임에도 불구하고 러시아를 대표하는 스탈린을 부정하고 싶은 분위기 아닐까. 전시관에는 외국 관광투어팀 외에는 거의 사람들이 찾지 않는 한적한 모습이다.

스탈린의 어린 시절부터 세대별로 전시가 이루어지고 있다. 포악한 구두 수선공이었던 아버지로부터 맞고 자라면서 버려진 아이가 어머니의 헌신적인 사랑과 돌봄으로 성장하는 모습들이 사진으로 전시되어 있다. 어머니의 노력으로 간신히 신학교에 입학하게 되었다. 구두 수선으로 대를 잇게 하려는 아버지에 의해 신학교에서 끌려나온 적도 있다. 우여곡절 끝에 복교가 되었지만 정치에 관심을 가지면서 결국 퇴교 처분을 받아 본격적인 공산주의자로서의 정치 생활이 시작되었다.

머리가 좋고 문학적 감성이 뛰어나 6권의 시집을 발간하고 교과

서에도 실렸다. 역사의 아이러니다. 히틀러도 정치입문 전 화가로서의 재능을 보였다는 유사성이 언뜻 뇌리를 스쳐간다. 히틀러도 어머니와 유대인의 불륜 등 가정환경이 정상적이지 않았다는 설이 있는데, 이것도 비슷한 건가? 스탈린은 실제로 아버지에게 칼까지 던졌다는 일화까지 전해진다.

정치 활동도 적극적이어서 지하실에서 신문을 발간하는 등 결사 활동을 하다 6번이나 시베리아 유형의 형벌을 받았다. 모두 기지를 발휘하여 탈출하였다. 그때부터 강인한 정신력을 인정받아 당의 중심세력에 합류하게 되었다. 당시 시베리아 유형은 감옥 생활이 아니고 느슨한 감시하에 일정지역에서 자유롭게 생활할 수 있는 형태였다.

레닌 사후 정권을 승계받으면서 포악한 독재자의 길을 걷게 된다. 1930년대에 권력 강화를 위한 대숙청으로 70만 명을 사형에 처하고 강제수용소, 굴라그 속에서 150만 명이 사망하였다. 일반인으로서는 상상할 수도 없는 냉혈한의 모습이었다.

제2차 세계대전 후에도 승전국의 위치에서 독재정권이 지속되어 또다시 수백만 명이 억압받고 일부는 사망하였다. 히틀러에 버금가는 악인이었다는 게 정확한 평가 아닐까? 역사는 승자의 입장에서 써지는 거라 러시아에서도 신격화된 스탈린의 평가가 주를 이루었다. 스탈린이 뇌출혈로 죽었을 때도 시신이 레닌처럼 방부 처리되어 전시되었다. 후에 폭정이 드러나면서 격하되어 다시 화장 처리되었다.

"내 감정은 그녀와 함께 죽었다"

　가족사도 비극의 연속이었다. 첫째 부인의 죽음으로 충격을 받아 "내 감정은 그녀와 함께 죽었다"라며 성격 변화가 일어났다. 제2차 세계대전 중 독일에 포로로 잡힌 아들의 협상도 거부하며 "군인은 항복하지 않는다"라는 말로 냉혹한 인간성을 드러냈다. 레닌의 비서였던 둘째 부인도 권총으로 자살하였고 둘째 아들도 알코올중독으로 정상적이지 않았다. 끔찍이도 예뻐했던 외동딸 스베틀라나는 미국으로 망명하여 아버지를 비판하는 자서전까지 냈으니, 수신제가도 못 한 초라한 모습이다.

　스탈린은 어릴 적 천연두를 앓아 얼굴에 곰보 자국이 선명했다. 별도 팀이 구성되어 모든 사진을 수정하였다. 인화 정도를 조절하여 얼굴에서 곰보를 지운 것이다. 전시실 한편에 곰보 자국이 선명한 대형사진이 전시되어 진실을 보여주고 있었다.

　김일성도 혹 때문에 사진 각도를 조정하고 수정을 하였다고 하는데, 서로 친분을 가지고 여러 번 만났던 사이였으니 의견교환 같은 게 있었지 않았을까. 온갖 인터넷이 난무하고 독자가 출판인도 되는 세상에서는 있을 수도 없는 내용들이다. 마지막 전시실에는 사망 직후에 제작되었다는 데드마스크가 넓은 방 한가운데 그로테스크한 모습으로 전시되어 있었다. 홀로 남을 수밖에 없는 독재자의 쓸쓸함을 표현한 것인지.

　박물관 밖을 나오니 바로 옆에 생가가 보존되어 있다. 튼튼한 콘

스탈린 생가

크리트 구조물 안에 자그마한 목재 생가가 보존되어 있었다. 자기 집이 아니고 셋방살이였다. 오른쪽 한 칸에서 4년간 살았고 밑 지하실은 아버지의 구두 수선실이었다. 가난한 삶의 현장으로 멋진 노동자 스토리를 만들어 낼 수 있을 거라는 느낌이다. 힘든 하층 계급의 노동자 생활을 한 것도 사실이지만.

공원 출구 쪽에는 83톤짜리 기차 한 량이 서 있다. 스탈린이 비행기를 싫어하여 타고 다녔던 방탄 차량을 전시해 놓은 것이다. 당시에는 비행기 암살이 성행했기에 조금은 머리가 끄떡여진다. 김일성과 김정일도 비행기를 싫어했다는 것이 알게 모르게 스탈린의 영향을 받은 건 아닐까 막연한 추측을 해본다. 독재자끼리 정보 교류인지….

공원을 나서니 파란 하늘 아래 앞산 언덕 위로 조지아 국기가 펄럭이고 있다. 십여 년 전 아우슈비츠를 방문했을 때 인간 머리털로 만든 담요, 수북이 쌓인 폐구두, 가방 더미 등 못 볼 것을 보았다. 수용소를 나오면서 담벼락 너머 파란 하늘 위로 기약 없이 죽음을 기다리는 수용소 사람들이 오버랩되어 서러웠던 기억이 있다.

  오늘도 그날처럼 파란 하늘 위로 굴라그 수용소에서 사라져간 처연한 표정들이 나타나 마음이 아파온다. 독재자들이 일으킨 갈등과 전쟁 속에 희생되는 사람들의 스토리가 시대를 불문하고 반복되고 있으니 헛똑똑이 인간들이 안쓰러울 뿐이다. 인생은 경계에 서 있는 담을 걷는 느낌이다. 삶과 죽음이 그렇고, 성공과 실패가 경계에 기대고 있다.

  이스라엘-이란 전쟁이 끝났다고 한다. 두바이행 비행기는 제대로 뜨려는지….

8일차

코카서스 산골 마을 메스티아로

오늘은 쿠타이시에서 북쪽 방향 코카서스 고산지대로 올라가, 고도 1,500m에 위치한 메스티아 마을로 들어가는 일정이다. 출발하기 전 쿠타이시 시내에 있는 재래시장을 둘러보았다. 많은 야채, 과일가게가 호기심을 자극하는데 어이없는 가격표에 웃음꽃이 핀다.

사과 1kg에 500원, 살구는 2,500원, 체리는 4,000원이다. 흥정이 필요 없는 헐값이다. 체리와 살구를 한 바구니 샀는데 하나같이 꿀맛이다. 옆집에서는 가정에서 담근 포도주, 꼬냑, 차차를 팔고 있다. 재생 페트병에 담아서 파는데 종류에 관계없이 리터당

상상을 초월하는 가격의 과일시장 모습

5,000원이란다. 포도향이 물씬 나는 꼬냑 한 병을 구입하니 세상이 내 것인 양 즐거워진다.

산골 오지 마을 메스티아로 가는 길은 힘난하기만 하다.

평원을 지나 본격적으로 산속으로 들어가는데 갈수록 길이 험해진다. 천 길 낭떠러지 밑으로 잿빛 강물이 거칠게 흐르는데 길은 좁고 가드레일도 없어 쳐다보기가 부담스러울 정도이다. 이 길은 소련 치하 시절 처음으로 만들어졌다는데, 2009년에 들어서야 겨우 포장이 이루어졌다고 한다. 그 전까지는 외부와의 통로가 없어 극히 폐쇄된 산골 마을이었는데 4,000m를 넘나드는 코카서스 암봉들이 둘러싼 멋진 자연환경 때문에 최근 들어 사람들이 찾기 시작한 것이다. 겨울에는 스키장이 운영되고 그 외에는 관광, 트레킹 코스로 각광을 받기 시작했다고 한다.

이긴 사람이 패자의 손목을 잘라 문간에 걸고

오랫동안 고립된 생활을 해온 터라 외부인에 대한 경계심이 남아있고 언어도 조지아어 외에 독자적인 언어를 구사하고 있다고 한다. 외부의 침략보다는 주로 마을 간의 분쟁이 심하였다는데, 힘센 남자가 대접받는 원시적인 문화가 대대로 전해오고 있다고 한다. 남자들 간에 다툴 때 이긴 사람이 패자의 손목을 잘라 문간에 걸어놓았는데, 많이 걸어놓은 남자가 존경을 받았다 하니 더 이상 무슨

메스티아 마을 전경

설명이 필요하랴. 조지아인도 메스티아인과의 다툼은 피하라는 말들이 진지하게 퍼질 정도란다.

  깊은 산속으로 들어가는데 곳곳에 길이 패여 차는 좀처럼 속도를 내지 못한다. 2009년 도로 포장 이후 방치했다가 이제서야 보완 작업이 이루어지고 있는 것이다. 고도 1,000m를 넘어서면서 멀리 만년 설산이 보이는데 차는 계속 산허리를 돌아간다. 산에는 온통 노랗고 하얀 들꽃들이 수채화처럼 번져있고 길가마다 양봉 상자가 수십 개씩 널브러져 있다. 드문드문 비탈길에 소 떼들이 한가로이 풀을 뜯는 모습들도 보이고, 때로는 소들이 도로에서 어슬렁거려 차가 멈춰 서서 소와 보조를 맞추기도 한다.

간이 휴게소에서는 온갖 재생 유리병에 꿀을 가득 담아놓고 팔고 있었다. 모두 진짜 꿀일 것이고 단돈 몇천 원밖에 안 하는 싼값인데, 아내가 구매를 막아선다. 집에 쌓여있는 꿀부터 먹으라고….

분명코 길지 않은 짧은 거리인데도 꼬박 5시간이 걸려 메스티아 마을 입구에 들어섰다. 짙푸른 산들 아래로 살포시 자리한 모습인데, 뒤쪽 멀리 커다란 만년 설산이 버티고 있어 아늑함을 느끼게 해준다. '코카서스의 마테호른'으로 불린다는 4,710m 높이의 우슈바 설산이 당당한 모습으로 서있다. 정상부분은 북봉과 남봉으로 나누어져 있는 쌍봉의 형태라는데 오늘은 구름에 쌓여 보이질 않는다.

가족 단위 방어요새 스반 타워

마을에 들어서니 특이하게도 수많은 탑이 여기저기 솟아있다. 20여 m 높이로 작지 않은 형태인데 언뜻 보아도 수십 개가 온 마을 곳곳에 솟아있다. 바로 유네스코 세계문화유산에 등재되어 있다는 스반 타워였다. 몽골, 페르시아, 튀르키예 등으로부터 외침이 잦은 지정학적 위치 때문에 주로 8세기에서 12세기에 세워진 소규모 방어용 요새 탑이란다.

외침뿐만 아니라 이웃 간의 다툼에도 손목이 잘리는 분위기였으니 충분히 가족 단위의 방어요새가 필요했으리라 짐작이 간다. 탑은 사다리로 올라가게 되어있는데 안에는 4층 구조로 단기간 생활이 가능한 구조란다. 유사시에는 사다리를 걷어내고 방어자세를 취했으리라.

외적이 몰려왔을 때 탑 안에 숨어 가족들을 지켜야 했을 절박함이 선명하게 느껴진다. 당초에는 외침에 대한 방어용이었지만 많아지면서 지위를 상징하는 과시의 목적도 벌어져 크기가 다양해졌다고 한다. 스바네티 전 지역에 200개 정도가 남아있다.

거칠게 흘러가는 냇가 옆에 자리한 호텔에서 여장을 풀었다. 어렵게 찾아온 코카서스의 깊은 산속인 만큼 이틀 연박을 하고 자세히 둘러볼 계획이다.

9일차

유럽에서 가장 높은 마을 우쉬굴리를 찾아서

아침 6시 계곡 물소리가 요란하여 밖을 나오니 이미 동이 트고 눈앞에 거대한 우슈바 설산이 나타난다. 주위를 돌아보니 뒤편에도 만년 설산 라일라가 버티고 있다. 이곳 메스티아 마을은 360도 코카서스 암봉들로 둘러싸여 있는 그야말로 깊은 산속 오지 마을이었다. 5,000m급 높은 산에서 내려오는 계곡물이 깊은 골짜기를 따라 마을 중심을 거칠게 가로질러 가며 이곳이 첩첩산중임을 보여주고 있다. 가이드의 말처럼 도로가 없을 때에는 완전히 세상과 고립된 곳이었음을 느끼게 하는 깊은 산속의 아침이다.

느긋하게 아침을 먹고 우쉬굴리 마을로 올라갈 채비를 한다. 길이 좁아 6인승 승합차에 나누어 타고 비탈길을 올라간다. 우슈바 설산을 바라보며 올라가는데 아쉽게도 정상이 어제처럼 구름에 가려 보지 못하고 지나친다. 도로 양옆으로는 온갖 들꽃들이 제철을 만난 듯 흐드러지게 피어있다. 파란 하늘, 하얀 설산, 화려한 들꽃

무리에 제대로 눈 호강을 한다. 드문드문 마을들이 보이는데 대부분 황폐화되어 사람이 살 것 같지 않아 보인다. 이곳도 젊은이들이 무작정 도시로 나가는 사회문제가 나타나고 있단다. 높다란 스반 타워는 남아있지만 농가는 허물어져 폐허화되었는데 노란 들꽃들 사이로 오히려 운치 있는 모습을 연출하고 있으니 감탄하는 게 맞는 건지 곤혹스럽다.

반지의 제왕 호빗 난쟁이 마을 같은 우쉬굴리

오르막길로 1시간 반을 지나서 우쉬굴라 마을에 도착하였다. 유럽에서 가장 높은 해발 2,200m에 자리한 마을이다. 크지는 않지만 고풍스러운 옛 마을이 그대로 보존되어 있는데 높다란 만년설을 배경으로 영화 세트장 같은 모습을 보여주고 있다. 마을 뒷산은 조지아의 최고봉 5,179m 쉬카라이다. 군데군데 산길이 있고 트레킹을 하는 사람들도 보인다. 쉬카라봉 만년설 초입까지 다양한 트레킹 루트가 있다고 하는데 오르고 싶은 충동에 엉덩이가 들썩이지만 아쉽게도 이번 여행은 관광이다.

우쉬굴리 마을은 메스티아 마을보다 더 깊은 오지여서 더 거칠고 외진 생활을 하였던 곳이라 한다. 일 년 중 6개월 만이 외부와의 통행이 가능하고 그 외에는 고립된 생활을 할 수밖에 없는 오지 중에 오지의 마을이었다. 주민은 평상시 50명 정도인데 관광 성수기에는

마음 따라 걷는 거야

유럽에서 가장 높은 마을 우쉬굴리 전경

200명 정도로 늘어난다고 하는 수준이니 멋진 경관만 아니었다면 이미 폐허가 되었을지도 모른다.

마을 맨 위쪽에 자리한 라마리 수도원에서 하차를 하여 마을을 둘러보기로 하였다. 수도원은 9세기에 지어졌다는데 석재를 벽돌처럼 쌓아 만든 자그맣고 소박한 모습이다. 몇 점의 성화와 촛불만이 놓여있어 구도의 분위기가 물씬 풍겨나는 분위기이다. 수도원 밖을 나서니 아래로 마을 전경이 한눈에 들어온다.

총천연색 들꽃들 사이로 낡은 석조 가옥들이 박혀있는데 여기저기 스반 타워들이 고풍스럽게 자리하고 있다. 파란 하늘 아래 화려한 들꽃들 사이로 펼쳐지는 그림 같은 풍광에 모두들 넋을 놓고 바라본다. 빈틈없는 중세의 모습에 시간여행을 온 듯 현실을 잊고 과거 속으로 끌려들어가는 느낌이다.

시간 여유가 충분하여 마을 속을 천천히 돌아보는데 멋진 원경의 모습과는 달리 고단한 현실의 속살들이 보인다. 군데군데 집들은 허물어져 있고 좁은 길가에는 소똥들이 흩어져 발걸음이 조심스러운데 길목마다 전깃줄이 복잡하게 얽혀있다.

마을 전체가 유네스코 세계문화유산에 등재되어 있다고 하는데 보호되고 있다는 느낌이 들어오질 않는다. 그래도 최근에 관광수요가 늘어서인지 조금씩 복원작업이 이루어지고 있는 모습들도 보인다. 낡은 가옥을 다시 세워 올리는 곳도 있고, 넓은 광장에 호텔 같은 콘크리트 건물이 신축되고 있는 모습도 보인다. 유네스코의 관리 기준이 궁금할 정도로 애매하게 변화되는 모습들이다. 그래

라마리 수도원 뒤로 솟아있는 쉬카라봉

도 화려하게 온 동네를 장식하는 들꽃들만 바라보는 것으로도 마음이 벅차오르니 더는 욕심을 부릴 필요가 없을 것 같다.

　메스티아 마을로 돌아와 저녁 식당을 찾았다. 관광수요가 늘어서인지 많은 식당이 들어서고, 작은 규모지만 기념품숍과 이곳저곳 슈퍼마켓도 보인다. 우슈바 설산이 바라다보이는 전망 좋은 야외 식당에 자리를 잡았다. 점심을 과식하여 저녁은 생략하고 생맥주와 감자튀김을 주문했다.

　석양노을에 반짝이는 설산의 봉우리와 낡은 목조가옥들이 멋지게 어우러진다. 경치가 좋아서인가 맥주 맛도 비할 데가 없는 환상의 맛이다. 시시각각 변하는 노을이 아쉬워 자리를 뜨지 못하겠다. 레드와인 한 잔을 추가로 시켜놓고 하염없이 노을 바라보기를 한다.

땅을 빼앗긴 조지아의 울분

저 산 너머는 러시아라는데 서빙하는 직원의 티셔츠 등에 그려져 있는 조지아 지도와 글귀가 눈에 들어온다. "20% of my country is occupid by russia!" 2008년 러시아와의 전쟁 때 영토를 빼앗긴 분노를 등에다 적어놓은 것이다. 우크나이나 전쟁에 자원입대한 조지아 젊은이들이 있다 하니 그 분노가 어떠한지는 충분히 미루어 짐작이 간다. 빼앗긴 영토 때문에 생이별한 가족들도 있는데 왕래가 금지되어 있단다. 이산가족은 우리나라만 있는 줄 알았는데….

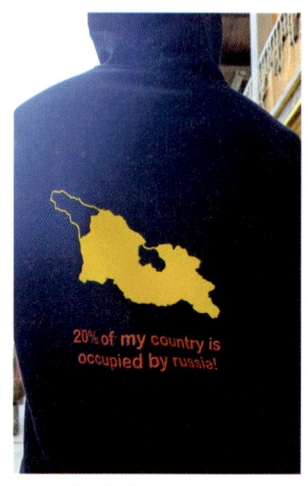

땅을 빼앗긴 내용이 적혀있는 서빙 직원 셔츠

조지아인의 아픔을 위로할 길이 없다. 그저 애처로운 눈빛으로 인사만 하고 돌아선다.

캄캄해진 밤하늘에 조명으로 반짝이는 스반 타워들을 바라보며 호텔로 돌아왔다. 오늘로 코카서스 산악 투어가 마무리되고 내일은 남쪽 바투미로 내려간다. 아쉬운 밤이 흘러가지만….

10일차
흑해의 휴양도시 바투미로

　코카서스산맥을 뒤로하고 흑해 연안 도시 바투미로 향한다. 곳곳이 파여있는 좁은 산길도로로 버스는 좀처럼 속도를 내지 못하고 더듬거리며 내려간다. 오늘은 하루 종일 버스만 타는 일정이기 때문에 마음을 비우고 차창 밖을 즐기기로 했다. 구름 한 점 없는 화창한 날씨 속에 눈부신 설산들이 반짝반짝 빛나고 있는데 그냥 지나치는 게 못내 아쉽기만 하다. 화려한 색깔들로 치장한 들꽃무리도 끝없이 이어져 한시도 시선을 떼지 못하게 한다.

　4시간여를 내려와서 점심을 하고 또다시 3시간을 달려 흑해 연안 바투미에 도착하니 오후 6시를 가리킨다. 수평선이 보이는 시원한 흑해가 마중을 나오는데 모래사장이 아닌 몽돌 해변에서 많은 사람들이 수영을 즐기고 있다. 해안선을 따라 멋들어지게 들어선 건물들을 바라보니 전형적인 유럽 휴양도시의 모습이다.

　조지아 제2의 도시로, 번화가가 해안선을 따라 길게 뻗어있어 마

노을 진 흑해 전경

치 부산 해운대를 연상케 한다. 우크라이나-러시아 전쟁 이후 전쟁을 피해 러시아인이 150만 명이나 넘어와 최근 도시가 활기를 띠고 있다고 하니 아이러니다. 20만이 상주하는 도시에 150만 명이 몰려 온다는 게 가능할까? 인근 지역으로 흩어졌겠지만 주민들의 당황했을 표정들이 눈앞에 아른거린다. 물가도 오르고 호텔들도 여기저기 신축이 되고 있고 아파트, 레지던스 주거건물들도 늘고 있단다.

호텔에서 여장을 푸니 회사를 퇴임하고 이곳에서 호텔을 경영하고 있는 후배 동료가 마중을 나와 있다. 소공동 롯데호텔 총지배인을 했던 조종식 대표이다. 이곳에서 스키리조트를 경영하고 새로이 호텔 신축을 준비 중에 있다는데 롯데에서 못다 이룬 꿈을 실현한다 하며 한껏 들떠있는 모습이다. 바투미 최고의 호텔을 만들겠다고 오너와 의기투합되어 정열을 쏟고 있는 데, 최선을 다하는 모습이 진정 멋져 보였다.

그리스인이 죽을 고비를 넘기는 항해를 하여 흑해로 불린다는데

조 대표를 따라 해변가로 나오니 기다란 산책길로 수많은 사람들이 오가며 석양 일몰을 즐기고 있어 같이 동참을 한다. 수평선 너머 얇게 드리워진 구름 사이로 황금빛 해가 떨어지는 꿈결 같은 모습에 발걸음이 멈춰진다.

이토록 아름다운 바다를 왜 흑해라고 했을까? 그리스인이 항해하면서 죽을 고비를 많이 겪어 죽음의 바다, 흑해라고 불리게 되었다는데…. 바라보고 또 바라봐도 황홀하기만 한 주황빛 석양 노을에 시간을 잊고 빠져든다.

해변가 전망 좋은 터에 17층으로 신축하고 있는 호텔이 자리하고 있는데, 바로 옆 이탈리아 레스토랑에서 저녁을 했다. 신선한 샐러드와 부드러운 피자, 그리고 상큼한 조지아 와인이 더없이 달콤하다. 반가운 후배와 같이하는 행복한 저녁식사에 아내의 웃음이 끊이질 않는다.

가장 뷰가 좋다는 힐튼 호텔 20층 스카이라운지로 자리를 옮겨 모히토 한잔을 기울이며 해안가를 내려다본다. 날이 어둑해져 수평선이 가물가물한데 불빛들 사이사이로 오가는 사람들의 모습이 정겹다. 낯설어 생각할 겨를도 없었던 이국땅 흑해의 밤바다를 바라보며 바투미의 설레는 첫날 밤을 맞이한다.

11일차

로마 유적 고니오 요새를 찾아서

새벽에 눈을 뜨니 창밖에 빗소리가 요란하다. 투어 기간 중 처음으로 맞이하는 비소식인데, 선선해진 날씨가 꼭 나쁘지만은 않다. 바투미 시내를 벗어나 튀르키예 국경 근처에 있는 고니오 요새를 찾았다.

BC 1세기경 로마시대에 구축되었다는 요새인데 전성기 때에는 3천 명의 군사가 주둔하였다고 전해진다. 후대에 오스만투르크가 점령하였고 19세기에는 러시아에 편입된 복잡한 역사를 간직하고 있다. 목욕탕, 수도관, 병사 숙소, 지하 저장고 등 로마 조기의 유적들이 세월을 이기지 못하고 흔적만이 쓸쓸하게 흩어져 있다. 장방형 돌담과 망루 등은 비잔틴시대에 확장되고 보완이 이루어졌다는데, 오스만투르크시대에서도 제 역할을 한 탓인지 거의 원형 그대로 보존이 되어있었다. 가로 180m, 세로 250m, 둘레길이 900m의 직사각형 모습이다.

하지만 이곳이 유명해지고 많은 사람들이 찾게 된 데는 종교적인 이유가 있단다. 예수의 12사도 중 한 명으로 성경 마태복음의 저자인 성 마티아의 유해가 이곳에 묻혀있다는 전설 때문이다. 조지아 정교회가 인정하면서 신성시되어 종교인의 필수 방문 코스로 알려져 있다. 유적보호 차원에서 발굴을 금지한다고 하지만 혹시 발굴 작업을 해도 발견이 되지 않으면 신비감이 사라져 버릴 염려를 하는 건 아닌지 불손한 생각을 해본다.

무덤에 대한 고고학적 근거는 없다고 하는데 사람들은 신비감을 좋아하고 그대로 믿고 싶은가 보다. 때로는 전설과 역사가 섞이기도 한다. 역사가 억지로 전설이 되기도 한다는데, 단군왕검은 역사 아니었던가…. 중앙에 있는 박물관 옆에 조그마한 정자가 있어 성 마티아를 기리고 있다.

수천 년을 견뎌온 요새 속에 얼마나 많은 이야기가 담겼을까? 온갖 세상사 희로애락이 수북이 쌓이고 쌓였을 터인데, 찬란했던 역사도 화려한 과거도 세월 속에 묻혀버려 이제는 쓸쓸한 폐허만 남긴 채 기억 속에 사라져 간다. 가랑비 속에 한층 정갈하고 조용해진 요새를 둘러보며 상념에 잠긴다.

해적선상에서 히잡 쓴 여인들의 댄스파티가

바투미로 돌아와 어제 둘러보았던 해변가로 다시 산책을 나간다. 이슬비가 내리는 해변길이 선선하여 부담스럽지 않다. 비가 내리는 탓에 좌판들이 사라지고 인적이 뜸해 다소 쓸쓸한 느낌도 들지만 오히려 호젓한 분위기가 마음을 여유롭게 해준다. 그래도 해변가에 위치한 레스토랑에서는 조지아 음악들이 들려오고 기념품 가게 윈도우의 화려한 상품들을 바라보고 있노라니 조금씩 마음이 들썩인다.

해변가 끝머리에 항구가 나오는데 해적유람선이 보인다. 티켓팅을 하려고 창구를 찾으니 보이질 않아 여기저기 물어보는데 대답이 시원치 않다. 조금은 당황스러운 마음으로 지켜보니 사람들이 유람선에 오르고 있다. 급한 마음에 같이 올랐는데 매표도 없고 그냥 배 위에서 현금을 받는 시스템이다. 아니 시스템이랄 것도 없고 그냥 시골 나룻배에서 돈을 받고 건너 주는 모양새다. 아직은 관광 인프라가 갖추어지지 않아 어설프지만 그래도 사람들의 표정은 여유롭고 즐겁기만 하다.

뱃머리에 우뚝 서있는 캐리비안 문어선장을 바라보고 있노라니 슬그머니 해적선이 출항한다. 바다 한가운데로 나오니 멋진 바투미 해안도로의 전경이 한눈에 들어온다. 어디에도 나무랄 데 없는 화려한 빌딩들이 늘어선 그림 같은 모습이다. 높다란 방송탑도 보이고 커다란 관람차도 보이고 수많은 배가 정박한 항구도 한눈에 들어온다. 자꾸만 흑해는 내부에 호수처럼 있어 바다가 아니라는 선입견이 있는데 수평선이 펼쳐지고 끝이 보이지 않는 드넓은 바다의 모습이다.

선상에서 춤을 추는 히잡 쓴 여성들

갑자기 히잡을 쓴 한 무리의 여성들이 갑판 중앙으로 몰려들며 춤을 추기 시작한다. 스피커에 나오는 음악에 흥이 돋았나 보다. 서로 손을 잡고 검은 차도르에 엉덩이를 흔들어대며 갑판을 돈다. 히잡은 그냥 히잡일 뿐 인간 본연의 욕망마저 감출 수는 없나 보다. 표정들은 한껏 들떠있고 춤이 끝나고 나서도 앉아서 계속 어깨를 들썩인다. 종교가 사회를 정화하고 인간의 마음에 평온을 가져다주는 것은 좋지만 인간들의 순수한 욕망까지 구속하는 게 필요한 건지 잠시 씁쓸한 마음이 스쳐간다.

유람선은 멀리 바다 밖으로 나가 바투미 전경이 보이는 곳에서 턴을 하여 회항을 한다. 항구에 닿을 무렵 기념사진을 찍고자 캐리비안 선장 앞에서 사진을 부탁하니 현지 여인이 흔쾌히 응해준다. 사진을 찍자마자 갑자기 히잡 쓴 여인들이 몰려왔다. 같이 사진을 찍자고 내 옆으로 다가서는데 당황스럽다. 언제 이런 여인들의 대시를 받아보았었나…. 자세히 보니 30여 명 승객 중에 동양인이 우리 부부밖에 보이지 않는다. 외부와 단절된 현지 여인들에게는 우

유람선에서 바라본 바투미 전경

리 부부가 너무 신기하여 기록으로 남기고 싶었던가 보다. 한 팀을 찍고 나니 또 한 팀이 다가온다. 어디 출신이냐고 물어보지도 않는다. 그냥 동양인이 신기해서 같이 찍고 싶은 거다. 졸지에 유명인사가 되어 스포트라이트를 받는다. 환하게 웃는 즐거운 모습들이지만 어딘가 표현하기 어려운 연민 같은 게 올라온다.

저녁이 되니 비가 걷히고 구름 뒤로 석양빛이 올라오고 있다. 석양을 보기 위해 133m 높이의 알파벳 전망대에 올랐다. 건물이 아니고 중계탑 같은 구조물에 끝에만 커다란 원형으로 전망대가 자리한 모습이다. 철제구조물에는 회전으로 띠를 두르며 조지아 문자가 새겨져 있어 알파벳 타워로 불리고 있단다.

입장권을 구입하고 엘리베이터로 올라가니 별도의 전망 장소는 없고 바로 식당이 나온다. 조금 당황스러운 구조인데 어차피 저녁 시간이라 맥주와 치킨을 주문했다. 이곳은 물가가 저렴하여 음식 주문에 부담이 없다. 식당은 45분간 한 번 회전하는 로터리 방식이었다. 구름들 사이로 석양빛이 올라오고 빌딩들과 어우러진 멋진 그림을 바라보며 맥주잔을 기울인다. 지루하지 않게 식당이 돌아가며 장면들을 바꿔주니 부러울 게 없다.

코카서스의 로미오와 줄리엣 '알리와 니노'

해가 져 석양빛이 사라지고 빌딩들에 조명이 들어올 때쯤 내려와 인근에 있는 코카서스의 로미오와 줄리엣 격인 '알리와 니노'의 조각상을 찾았다. 무슬림 알리와 기독교 여인 니노의 슬픈 사랑을 보여주는 움직이는 조형물이다. 두 남녀 동상이 10분 간격으로 시차를 두고 헤어졌다 만나기를 반복하며 드라마틱하게 사랑과 이별을 표현한다. 정교한 설계로 두 남녀가 완벽하게 합쳐졌다 헤어지는 장면을 연출하는데 수많은 사람들이 모여 서서 동영상을 찍고 있다. 애절하고도 신기한 이곳의 랜드마크 조형물이다.

비 갠 밤 해변도로에는 다시 좌판들이 열리고 사람들이 몰려와 혼

움직이는 알리와 니노의 조형물

잡해진다. 거리의 악사들도 기타를 들고 노래를 부르니 이국땅 바닷가의 낭만이 다시 살아난다.

시원한 밤바람 속에 바쁠 것도 없는데 떠나는 아쉬움을 달래듯 이곳저곳을 기웃이며 가다서기를 반복한다. 바투미! 언제 다시 오겠나? 다시 찾기는 힘들 것 같은데…. 아쉬운 흑해의 밤이 깊어만 간다.

12일차

아할치헤에서 라바티 요새로

아쉬운 바투미를 떠나 요새의 도시 아할치헤로 떠난다. 아할치헤는 이름 자체가 '새로운 요새'라는 의미로 동서양이 오가는 길목에 위치해 있어 외침이 잦았던 곳이었다고 한다. 역사적으로 다양한 민족과 문명이 뒤섞이면서 화려한 문화가 꽃피운 곳이다.

이곳 역시 가는 길은 협소하고 훼손이 되어 많은 시간이 소요되고 있는데 중국인들이 도로 확장 공사를 하고 있는 모습이 보인다. 아마 몇 년 후에는 좀 더 빠른 이동이 가능할 것 같다.

늦은 오후 아할치헤에서 호텔에 여장을 풀고 올드시티로 산책을 나갔다. 올드시티 중심부 언덕 위로 라바티 요새가 한눈에 들어온다. 오늘이 월요일이라 요새 안에 있는 박물관이 휴관이라서 내일 방문할 예정이지만 외관만 둘러볼 생각으로 들어갔다.

도시가 조그마하고 낡아 큰 기대를 않고 요새 정문을 들어서는데 내부의 거대한 규모에 두 눈이 휘둥그레진다. 수많은 유적 건물과 다양한 모양의 성곽, 화려한 화원이 한데 어우러져 화려했을 옛 영광을 잘 보여주고 있었다. 요새 안의 대표 건물로 당초 9세기에 지어졌던 황금색 돔교회가 눈에 띤다. 당초에는 조지아 정교회로 건설되었다는데 16세기 튀르키예에게 침략당한 이후 지붕을 둥근 돔으로 덮어 이슬람 사원이 되었다고 한다.

라바티 요새 전경

동서양의 건축 양식이 망라된 라바티 요새

 소련에 통합된 이후에는 내부의 모든 종교적인 시설물이 철거되어 지금은 빈 공간으로 남아있다. 건물 양식도 다양하다. 조지아 전통 양식뿐만 아니라 이슬람 양식도 보이고 뾰쪽한 러시아식 건물들도 보인다. 건물 사이마다 화단들이 있는데 작은 연못과 물줄기를 이어놓은 수로가 섞여 있어 작지만 알함브라 궁전을 연상시킨다. 가장 높은 망루에 올라 전체를 조망해 본다. 튼튼한 석조 담과 망루들뿐만 아니라 비밀방과 통로들까지 있어 요새라는 방어의 역할이 확실해 보이지만 내부가 넓고 화려하고 다양한 시설이 갖추어져 다목적 궁전의 느낌이 든다.
 월요일인데도 중앙광장에 가설무대가 설치되고 많은 사람들이 몰려있어 의아했는데, 운 좋게도 오늘 밤 조지아의 중세 영웅 성 슐라바를 기념하는 페스티벌 공연이 열린다고 한다. 어린 소년, 소녀들이 무대복을 입고 왔다 갔다 하며 리허설을 하고 있다. 이렇게 좋을 수가…, 조지아 민속 공연을 화려한 유적 광장에서, 그것도 공짜로 볼 수 있는 기회가 생긴 것이다. 현역 시절 서울스카이 전망대에 조지아국립무용단을 초청한 적이 있었는데 그때의 역동적인 춤사위는 두고두고 생각나는 멋진 모습이었다. 오늘 다시 볼지도 모른다는 기대감에 맘이 설렌다.
 시간이 남아 광장 내 야외 바에서 일행들과 맥주잔을 기울이며 리허설을 감상한다. 기대 없이 찾아오는 잔치에 일행 모두 입이 귓가에 걸렸는데….

거의 시작이 될 무렵 안타깝게도 비가 쏟아진다. 관람을 못 할까 봐 마음은 동동거리지만 날씨까지 추워지니 거의 벗은 옷차림으로 리허설 중인 어린 소녀들이 애처롭다. 수많은 연습을 하고 오늘을 기다렸을 건데….

갈수록 빗줄기가 강해져 결국 행사가 취소되었고 학생들이 해산을 한다.

좋다가 말았다고 서운한 마음이 가득하지만 방법이 없다.

꿩 대신 닭이라고 실망한 맘을 달래기 위해 술자리가 벌어진다. 맥주는 와인파티로 바뀌고 굵어지는 빗줄기를 바라보며 왁자지껄 파티가 무르익는다. 빗속에 유적들을 바라보며 기울이는 와인잔에 공연 관람이 무산되어 허전했던 서운함이 슬그머니 사라진다.

라바티 요새에서 광란(?)의 파티를

비가 그치고 몇 병의 와인으로 취기가 올라 일어서는데 무대에서 강한 비트의 노래 소리가 들린다. 비가 그쳐 예정된 성인들의 무대 공연이 펼쳐진 것이다. 순식간에 수많은 젊은이가 모여 들썩이며 노래를 따라 부르고 발을 구르며 조지아판 광란(?)의 파티가 벌어진다.

생뚱맞은 동양의 늙은이들이 광란의 파티에 동참을 하니 확연히

라바티 요새 파티 현장

눈에 띈다. 아는 사람도 없는데 좀 주접을 떨면 어떠리…. 젊은이들보다 더 역동적인 몸부림에 현지인들이 몰려와 한데 어우러지니 까마득하게 잊혔던 젊음의 추억들이 되살아난다. 그것도 이국땅 낯선 곳에서 젊은이들과 어깨를 마주 잡고 마구 흔들어댄다.

비 갠 밤하늘에 노래 소리는 울려 퍼지고 흔들어대는 춤사위에 시간도 잊히고 공간도 사라진다. 이곳이 우리나라인지 조지아인지, 현재인지 중세인지….

즐겁고 행복한 순간들이다. 멀리 동쪽 끝에서 찾아온 이방인을 축복해 주는 듯 화려한 불꽃쇼가 터지면서 파티가 막을 내린다. 잊지 못할 라바티 요새의 꿈결 같은 밤이다.

13일차

바르지아 동굴도시에서

아할치헤에서 남쪽으로 60km 떨어진 동굴도시 바르지아를 찾아간다. 초여름 들판에는 온갖 들꽃들이 만개하여 천연색 꽃의 향연이 벌어지고 있다. 바르지아에 가까워져 가니 산세가 험해지며 맑은 물이 흐르는 깊은 계곡이 나온다.

1시간 반쯤 지나 바르지아 동굴도시 입구에 도착하였다. 버스에서 내리니 따가운 햇빛에도 아랑곳하지 않는 서늘한 바람이 불어와 고도를 보니 해발 1,300m이다. 거대한 직벽의 바위산 곳곳에 동굴이 뚫려있고 아래로는 제법 많은 시냇물이 S자를 그리며 운치있게 흘러가고 있다.

미니버스로 갈아타고 지그재그로 굽어있는 산길을 다시 오른다. 길이 짧아 일부 사람들은 도보로 올라가는 모습도 보인다.

동굴도시 입구에 도착하니 수많은 동굴이 눈앞에 나타났다. 500m 길이에 600여 개의 동굴이 파여 있단다. 12세기 후반 타마르 여왕 시절 몽골 등 외부의 침략을 피해 숨어들 목적으로 생겨나기 시작했다는데 1283년 대지진이 나기 전에는 13층으로 3,000개까지 있었고 최대 50,000명이 거주했다고 한다.

높은 산 동굴도시에 집집마다 와인 저장시설이

첨단의 물 공급시스템이 구축되어 자급자족이 가능하였다고 하는데 지금도 물 저장시설이 남아있었다. 그 외에도 교회, 예배당, 학교, 대장간, 창고, 온천 등 많은 생활시설이 갖추어진 거의 완벽한 도시국가의 모습이다. 화산재가 압축되어 굳어진 응회암이 부드러워 건설이 가능했을 것이다. 외침을 피해 절벽에 구멍을 뚫고 숨어들 정도로 절박한 심정이었을 텐데도 집집마다 와인 저장시설이 설치되어 있다. 이곳 주민들의 와인에 대한 생각은 진정 진심이었던 것 같다.

동굴사회에도 빈부격차가 있었나 보다. 넓은 마당과 테라스를 가진 부잣집들도 보이는데 한곳에 모여 집단을 이루고 있다. 많은 흥미로운 시설이 있지만 이곳의 하이라이트는 역시 교회였다. 도시 중앙부에 제법 넓은 예배당이 있고 천정과 벽에는 아직도 선명하게 프레스코 벽화가 남아있었다. 현재도 수도승이 거주하고 있는데 검은 사제복에 턱수염을 기른 날카로운 인상의 모습이다. 교회 앞에 높다랗게 걸린 세 개의 종도 인상적이다. 기도 시간을 알리는

바르지아 동굴 모습

건지 비상벨인지….

　13층 높이의 입체 도시였지만 개방된 곳만 돌아보니 30분 남짓 걸린다. 잠시 숨을 고르며 밑을 보니 서러운 듯 맑은 시냇물이 평화롭게 흘러간다. 느끼는 게 서럽고 평화로운 것이지, 강물은 그저 무심하게 위에서 아래로 순리대로 흐르고 있다. 그 당시 주민들은 매일 경계를 늦추지 않고 동태를 살피며 긴장 속에 살았을 것이다. 그러면서도 신에 대한 경배를 게을리하지 않고 이웃 주민들과 와인파티도 하면서 생활의 여유도 찾으려 노력했으리라. 일이 끝나면 온천욕도 즐기고 학교를 보내놓고 자식 걱정도 했을 것이니 시간과 장소야 어떻든 인간사 다 비슷하지 않았을까….

그때도 똑같았을 파란 하늘, 맑은 시냇가를 바라보며 상념에 잠겨본다. 복잡하다 하는 세상사도 흘러가는 시냇물과 별다를 게 있을까? 그저 순리대로 흘러가다 사라지는 거지…. 도시 끝자락에 숨어있는 비상통로를 따라 탈출하는 심정으로 내려왔다. 여기서부터 5시간이 걸린다는 조지아의 수도 트빌리시로 향한다.

14일차

쿠라 강가 레스토랑에서 민속 공연을

　조지아의 마지막 밤이 아쉬워 민속 공연이 펼쳐지는 레스토랑을 찾았다. 여행 도중 친숙해진 두 교수 부부들과 나이가 지긋하신 노부부까지 포함한 8명이 저녁을 같이 하기로 했다. 일행이 많아 가이드에게 미리 부탁을 하였는데 운 좋게도 공연이 펼쳐지는 식당을 예약하게 된 것이다.

　식당은 쿠라강이 내려다보이는 전망 좋은 언덕에 위치해 있었다. 식당 안에 들어서니 넓은 무대와 고풍스러운 장식이 반겨주며 멋진 밤을 기대케 한다.

　가격이 저렴하여 음식과 와인을 주문하는 데 부담도 없으니 이제는 멋진 곳에서 맛있게 먹고 기대했던 공연을 즐기기만 하면 된다. 먹고 싶은 음식과 와인을 아낌없이 주문한다. 와인도 red와 white 외에 dry, semi-sweet, sweet로 편리하게 구분되어 주문하는 데 어려움이 없다. 마나님들에게는 semi-sweet white wine이 제격

민속 공연 모습

이다. 가성비 좋은 조지아 와인에 토마토와 치즈가 뒤섞인 샐러드, 닭고기, 돼지고기 요리로 만찬이 벌어진다.

몇 순배 와인잔이 돌며 기분 좋게 긴장이 풀어질 즈음 민속 공연이 펼쳐졌다. 노래와 전통 댄스가 번갈아 펼쳐지는 형식이다. 3명의 남성이 나와 조지아 전통 민요를 부른다. 뜻밖에도 하이톤의 가녀린 목소리가 기타의 선율을 타고 울려 퍼진다. 깊은 코카서스 산속에서 수많은 침략에 시달렸던 고단함을 표현하는 듯 애절하고 구슬픈 가락이다. 달콤한 와인잔에 마음은 풀어지는데 심금을 울리는 목소리가 가슴을 파고든다.

노래가 끝나니 댄스 공연이 펼쳐진다. 네다섯 명의 건장한 남녀가 나와 전통 춤사위를 보여준다. 늘씬한 키, 가녀린 몸매에 조각같은 미모의 여자댄서가 하늘거리는 전통 치마 복장으로 등장을 한다. 멋진 키이젤 수염에 몸에 착 달라붙는 군인스타일의 남자댄서들도 매력적인 모습이다. 무릎까지 올라오는 가죽장화를 신고 전통 춤사위를 보여준다.

빠르고 절도 있는 발놀림의 남자댄서와 흐느적거리면서도 빠른 템포에 발 박자를 맞추어 주는 여자댄서가 멋지게 조화를 이룬다. 바로 서울스카이 전망대에서 보았던 군무였다. 그때처럼 인원이 많지 않아 느낌은 약하지만 고대했던 춤사위가 펼쳐지니 반갑기만 하다. 반복되는 노래 공연은 하나같이 애절하고 가녀린 느낌인데, 댄스 공연은 아이돌 스타같이 힘차고 역동적이다. 빠른 회전과 무릎 장화를 쭉쭉 뻗으며 걷는 모습에서 코카서스의 강인함이 느껴진다. 반복되는 공연 속에 흥이 도는데 끝없이 부딪히는 와인잔으로 기분 좋게 취기가 올라온다.

우연찮게 결혼 피로연에 동참을 하고

멋진 공연이 끝나고 식사도 마무리되어 나갈 채비를 할 즈음 한 무리의 젊은 조지아인이 들어왔다. 결혼식을 했는지 하얀 드레스의 신부와 신랑 그리고 친구들이 등장한다. 특별 요청인 듯 여자 가수가 나와 올드팝송을 부르니 순식간에 무대홀에 댄스파티가 벌어진다.

우리 일행도 술렁이기 시작한다. 마침 뭔가 일어나기가 허전하여 주저주저하는 순간이었는데, 울고 싶은데 뺨 때린 격인가? 누구랄 것도 없이 순식간에 모두 일어나 댄스파티에 동참을 한다. 술이 과하면 노인네들이 나이를 잊는다. 엇그제 라바티 요새에서 벌어졌던 광란(?)의 댄스파티가 또 재현이 된다.

 신이 났는지 하얀 드레스의 신부 춤놀림이 과격해지고 보조를 맞추려는 신랑은 혼쭐이 난다. 들러리 친구들도 때를 만났다는 듯 정신없이 무대를 휘젓는다. 맘껏 흔들어대고 맘껏 신혼부부의 축복을 빌어주니 모두가 행복해지는 모습이다. 행복은 플랜을 짜고 찾아가는 것보다 우연히 예상치 않게 찾아올 때 더 강렬한가 보다. 더 바랄 게 없는 행복한 조지아의 밤이 그림처럼 박제가 된다.

결혼 피로연의 즉흥무대

쿠라 강가에 있는 메테히 성당 전경

수도원 너머로 아르메니아 영산 아라라트산이 솟아있는데
그 밑으로 튀르키예 국경선인 기다란 철책선이 보인다.
철책선 안에는 넓은 평원 농지가 있는데
우리나라 비무장지대처럼 통제하에 경작이 된다.

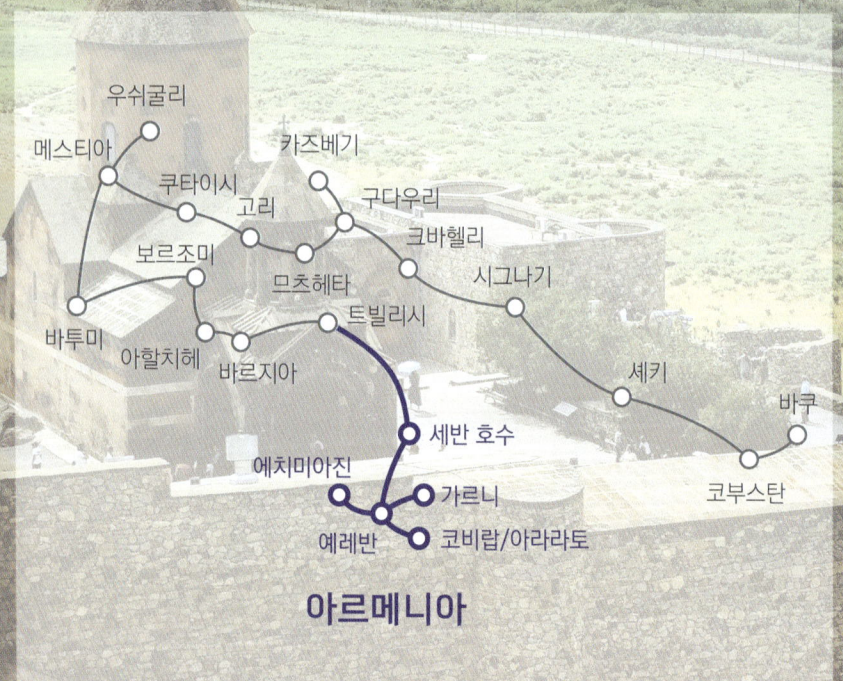

아르메니아

15일차

조지아를 떠나며

　이번 여행의 하이라이트 조지아를 떠난다. 흠뻑 비를 맞으며 조지아 국경을 넘어온 기억이 아직도 생생한데 순식간에 열흘이 지나가고 이제는 아르메니아로 넘어간다.

　예상했던 대로 조지아는 코카서스의 깊은 산속에 꼭꼭 숨은 나라였다. 경제적으로 풍요롭지는 않지만 누구도 부러워하지 않고 풍족한 마음으로 여유를 갖고 살아가는 자존심이 가득한 나라였다. 동서가 교차하는 길목에서 역사적으로 수많은 외침에 시달리고 침략을 받았지만 민족 고유의 정서를 잘 간직하고 있었다.

　서유럽처럼 화려하지는 않지만 소박하고 기품 있는 전통과 문화는 오히려 더 진한 감동과 울림을 가져다준다. 사람들은 순수했으며 준수한 외모에 당당한 모습이었다. 일찍이 기독교를 국교로 채택하고 독실한 신앙생활을 영위하면서도 다양한 민족과 문화를 흡수하고 타 종교를 인정하며 공존하는 포용력은 경이로움 그 자체였다.

특히 코카서스 대자연의 장엄함과 드넓은 내륙바다 흑해의 모습은 화려하면서도 신비로웠다. 이 멋진 곳을 떠나려 하니 자꾸만 발걸음이 멈춰지고 미련이 남는다.

산머리 위에 높다랗게 서있는 고풍스러운 교회의 모습들이 아직도 눈앞에 아른거린다. 2,000m 산언덕 전망대에서 바로 보는 코카서스 설산들의 장엄함에 말문이 막혔었는데, 산 능선이 와인 동굴에서 마주했던 달콤한 와인도 잊을 수가 없다. 5,000m 설산 아래 자리하며 화려한 들꽃들로 수놓아진 우쉬굴리 마을은 마치 호빗 난쟁이 마을 환상 속의 세계였는데….

너무 저렴하여 흥정이 무의미했던 살구, 체리는 설탕이어서 평생 동안 먹을 양을 먹어버린 듯했다. 화려함의 극치였던 라바티 요새의 성곽길은 잊지 못할 명장면이었고, 늦은 밤 광장에서 벌어졌던 광란(?)의 파티는 두고두고 애깃거리가 될 것이다. 쿠라 강가 언덕 위 레스토랑에서 바라보았던 조지아의 춤사위도 이제는 추억들이 되어버렸다.

떠나는 날 아침인데 들어오던 날처럼 주룩주룩 비가 내린다. 아쉬움을 표현한 듯 굳은 날씨인데도 자꾸만 미련이 남지만, 어차피 떠나야 하고 추억이 쌓이는 게 여행이고 인생 아닐까….

아쉬움을 뒤로하고 추억만 간직한 채 버스에 오른다.

걸어서 국경을 통과하며 아르메니아로

주룩주룩 비가 내리는데 불편한 소식이 들려온다. 아르메니아로 국경을 넘어가는데 한 달 전부터 관광버스 출입이 통제되어 걸어서 넘어가야 한단다. 무거운 캐리어를 끌고 500m를 걸어가야 하니 또 비에 젖은 생쥐 꼴이 되나 보다. 우산을 배낭에 챙기면서 생각이 복잡해진다.

코카서스산맥을 끼고 돌며 3국이 공존하고 있는데 서로의 관계가 좋아 보이지 않으니 왜 그럴까? 중세 때는 오스만투르크의 침략으로 나라가 무너지며 대학살을 당했고 근세에는 러시아에 함락되어 고난이 이어지는 등 동병상련도 느꼈을 텐데, 서로가 영토 때문에 미묘한 관계란다. 3국이 협력하여 공동 방어체계를 구축할 만한데도 오히려 상호 간의 종교와 영토싸움으로 신경전이 벌어지고 있는 것이다.

조지아와 아르메니아는 조심스레 우호관계를 표방하지만 조지아는 친서방이고 아르메니아는 친러시아이다. 아르메니아와 아제르바이잔의 정서는 한일관계와는 비교가 안 될 정도로 악화된 상태여서 상호 여행도 자제할 정도이다. 기독교와 이슬람의 충돌이 영토분쟁으로 연결된 것이다. 조지아도 러시아와의 영토분쟁으로 국토의 20%를 빼앗긴 상태이니 국민들 스트레스가 이만저만이 아닐 건데 3국 간의 협력체계는 요원한 듯하다. 훌륭한 지도자들이 나타나 우호적인 3국 관계를 구축한다면 얼마나 멋질까…. 현실을

국민휴양지 알라베르디

모르고 어린애 같은 유치한 생각을 한다.

 비 맞을 각오로 국경에 들어서는데, 다행히도 비가 그친다. 하느님 만세다. 와인, 꼬냑에 꿀까지 사서 한층 무거워진 캐리어를 끌고 국경을 넘지만 비가 멎어 한숨을 돌린다. 해가 뜨지 않아 선선해진 날씨 속에 낮게 비구름이 드리워진 산들을 구경하면서 어렵지 않게 국경을 통과하였다. 대기행렬도 길지 않고 짐 검사도 없었다.

 높다랗게 펄럭이는 빨강, 파랑, 오렌지색 삼색기 아래에서 군인들이 국경을 지키고 있다.

국경 근처에서 환전을 하고 마켓을 둘러보니 가격들이 착하다. 국민소득도 조지아와 비슷하고 내륙국가라 무역도 쉬워 보이지 않는데 물가가 저렴하니 이해가 되질 않는다. 100드럼350원으로 아이스바를 사니 기분이 우쭐해진다.

 버스는 고도를 높이며 계속 오르막길을 탄다. 수백 m가 넘어 보이는 직벽의 산들 사이로 버스가 가파르게 올라가는데 주변 경치가 예사롭지 않아 동공이 커진다. 수백 m는 되어 보이는 절벽들이 끝이 없이 이어지는데 절벽 위는 널따란 평원이 펼쳐지고 마을들이 들어서 있다. 절벽 밑에도 도시 같은 마을이 보이는데 그 사이로 거센 물결의 강이 흐르니 절벽 위아래로 좀처럼 보기 힘든 독특한 풍광을 자아낸다.

 가이드에게 물어보니 대표 국민휴양지 알라베르디란다. 해발고도 2,000m에 위치하여 경치도 좋지만 선선한 날씨 때문에 여름철에 많은 국민이 찾는 곳이라고 한다.

조지아와는 또 다른 양식인 아르메니아의 시나한 수도원

 멋진 전망을 가진 절벽 위 식당에서 점심을 한 후 1시간 거리에 위치한 시나한 수도원을 둘러보았다. 같은 코카서스 지방이고 같은 기독교 정교회인데도 교회의 모습은 달랐다. 교회는 조지아처럼 산꼭대기 정상부에 지어져 멋진 전망이 돋보였지만 내부는 확

시나한 수도원

연히 달랐다. 검은 응회암으로 튼튼하게 지어졌는데 교회 안은 미로처럼 복잡했고 바닥에는 많은 석관이 펼쳐져 있었다.
 복잡한 회랑에 자그맣게 뚫린 돌창문, 바닥에 드리워진 석관들의 어두컴컴한 모습들이 마치 동남아 정글 속 사원을 걷는 느낌이었다. 중국의 절, 일본의 절도 우리네와는 확연히 구분이 되니 그렇게 이해하면 되는 건지….
 예레반에 들어가기 전 거대한 세반 호수에 들렀다. 아르메니아 전체 담수자원의 25%를 담당한다는 거대 호수로 가로 70km, 세로 50km이고 최대 깊이 95m인 바다 같은 호수가 해발고도 1,900m에 자리하고 있었다. 29개의 강이 흘러들어오는데 옛날 화산폭발

세바나방크 수도원과 세반 호수

로 용암이 분출하면서 물길을 막아 호수가 되었고 나가는 물줄기는 하라주강 하나만 남아있는 상태라 한다.

언덕 위에 위치한 세바나방크 수도원에 올라서니 호수의 전경이 바라다보인다. 고풍스러운 수도원과 드넓은 호수 그리고 멀리 펼쳐지는 석양 노을이 한데 어우러져 멋진 그림을 연출한다. 모습은 흑해나 카스피해와 비슷하지만 담수호라니 더 친근감이 간다. 멋진 호수의 여운을 간직한 채 수도 예레반으로 향한다. 이곳 아르메니아 수도 예레반 시내 호텔에서 4연박을 하며 느긋하게 주변을 둘러볼 예정이다.

16일차
아르메니아의 랜드마크 주상절리로

    나라가 바뀔 때마다 현지 가이드도 바뀐다. 아르메니아에서는 21살로 어리지만 장래 여행사 사장을 꿈꾸는 당찬 여대생 에르미라가 나왔다. 치아교정 브라켓을 한 채 해맑은 미소로 또박또박 설명을 하는 모습이 귀엽고 사랑스럽다. 한국어대회에서 2년 연속 2등을 차지할 정도로 한국어가 능숙하다.

    한국어뿐만 아니라 모국어에 영어, 독어, 러시아어 등 5개 국어가 가능하다고 한다. 이곳 대학에서는 자국어로 된 전문서적이 부족하여 주로 영어와 러시아어로 된 원서로 공부를 해야 한단다. 다국어를 습득하게 된 동기라 하니 안쓰러운 건지 부러운 건지 헷갈린다. 특히 독어도 독일회사에서 일했을 정도로 능숙하다 하니 배우게 된 동기와 관계없이 언어 천재로 불릴만하다.

    한국을 좋아해 블랙핑크 제니의 열렬한 팬이고 K-Drama 속 이민호도 좋아한다고 신이 난 표정을 짓는다. 이민호가 너무 잘생겼다고 하는데, 이곳의 미의 기준은 높지 않은 코라고 강조를 한다. 이곳 대부분 사람들이 큰 메부리코에 얼굴이 주먹만 하여, 오히려 동양인처럼 작은 코에 큰 얼굴이 더 매력적이라 하니 세상 오래 살고 볼 일이다.

코를 작게 하는 성형수술이 빈번히 이루어지고 있단다. 하긴 해방 후 우리나라도 최은희 영화배우처럼 넓은 얼굴에 복스러운 모습이 미인이었으니 이상할 일도 아니다. 내년에 장학금으로 한국에서 대학 생활을 하게 되었다는 에르미라가 한국어에 더 능숙해지고 여행사 사장으로 대성하기를 진심으로 빌어준다.

여행사 사장을 꿈꾸며 당찬 포부를 이어나가는 5개 국어의 능통 여대생 에르미라

태양신 미흐르를 모신 가르니 신전

 3일 동안 예레반 근교 투어를 하는데 오늘은 아르메니아의 대표 관광지 가르니 신전과 옆에 붙어있는 아짜트 주상절리 계곡을 찾아간다.
 예레반에서 30km 거리에 있지만 길이 좋지 않아 1시간 반이 걸린다. 비포장도로가 나오니 버스가 속도를 죽이며 엉금엉금 기어가는데 버스기사의 차량보호가 끔찍할 정도이다. 사람이 걷는 것보다도 느리게 운전하지만 완고한 표정 앞에 가이드가 항의할 엄두도 내지 못한다.
 가르니 신전은 드넓은 고산지대 평원이 시원스레 펼쳐지고 화려한 주상절리가 내려다보이는 언덕 위에 자리하고 있었다. 기원후 1세기에 세워졌는데 태양신 미흐르를 모신 곳이란다. 24개의 이오니아식 기둥들이 정면과 측면을 둘러싸는데 벽돌과 현무암으로 만들어져 견고한 모습이다. 마치 그리스 파르테논 신전의 축소판을 연상시킨다.
 4세기에 기독교를 국교화하면서 대부분의 이교 신전이 파괴되었지만 이곳은 너무 아름다워 보존했다고 한다. 1679년 대지진으로 붕괴되었는데 20세기 소련 시절 복원이 이루어졌다. 파란 하늘이 보이는 맑아진 날씨에 푸른 평원을 배경으로 날아갈 듯 서있는 신전의 모습이 그림처럼 아름답다. 당장이라도 태양신을 모시는 제사가 열리고 하늘이 열릴 것 같은 신비로운 분위기이다. 주

가르니 신전

변으로도 로마시대 흔적들이 남아있는데 대중목욕탕의 모습이 흥미로웠다. 요즘처럼 냉탕과 온탕이 있고 사우나시설이 있었던 흔적이 보인다.

상상을 넘어서는 거대한 주상절리

지프를 타고 5분 정도 계곡을 내려가니 아르메니아의 랜드마크 주상절리가 나온다. 차에서 내려 제법 많은 물이 흐르는 계곡을 따라 내려가니 거대한 주상절리 절벽이 나타났다. 상상을 초월하는 거대한 모습에 입이 벌어진다. 선명하게 찍힌 육각형의 돌기둥무리가 가늠할 수 없는 높이로 솟아있는데 이리저리 뒤틀린 모습도 보여 수만 년 세월의 흔적이 고스란히 전달되는 느낌이다.

한쪽 절벽만의 모습이 아니고 세찬 물이 흐르는 계곡 양옆으로 기다랗게 펼쳐져 있어 크기가 가늠이 안 된다. 이리저리 마구 카메라 셔터를 눌러보지만 너무 커서 화면에 담기질 않는다. 예상하지 못했던 거대하고 다양한 모습에 모두들 아르메니아 여행은 이곳으로도 충분하다고 만족감을 드러낸다.

마지막 일정으로 예수님을 찌른 로마병사의 창이 보관되어 있었다는 게하르트 수도원을 찾았다. 4세기에 건립이 되었는데 석조 건물 외에 바위 속을 뚫고 만든 동굴예배당이 인상적이었다. 창은 별도로 예레반의 에치미아진 대성당 박물관에 보관되어 있다고 한다.

마침 여자신자가 동굴예배당 내에서 성가를 부르는데 동굴 안이 울리면서 신비로운 입체음향이 들려온다. 음향효과가 신비로워 종종 성가합창 공연이 펼쳐진다고 한다. 신자가 아니어서 종교적인 분위기에 몰입하기에는 한계가 있었지만 성창의 이야기, 동굴예배당의 신비로운 모습 등으로 신자들에게는 많은 감동과 울림이 있을 거라 생각된다.

화려한 대자연과 신비로운 고대 유적들의 감동을 간직한 채 예레반으로 돌아간다.

거대한 주상절리

17일차

노아의 방주 아라라트산을 바라보며

　오늘은 튀르키예 국경 근처에 있는 코르비랍 수도원을 방문한다. 성 그레고리가 13년 동안 6m 지하 감옥에 갇혀있던 곳으로 '코르비랍'도 깊은 지하 감옥을 뜻한다고 한다. 성 그레고리가 풀려난 이후 티리다테스왕을 치료한 것을 계기로 301년 최초로 기독교가 국교로 채택된 유서 깊은 곳이다.

　하지만 아르메니아인이 이곳을 자주 찾는 이유는 다른 데 있었다. 이곳은 튀르키예 국경 근처인데 바로 눈앞에 노아의 방주가 있었다고 추정되는 아라라트산5,137m이 보이기 때문이다. 아라라트산은 지금은 튀르키예령이지만 아르메니아 민족의 정체성과 성서적 상징성을 내포하고 있어 신성시되고 있는 산이기 때문이다. 우리나라의 백두산과 같은 이미지이다.

　수도원 너머로 튀르키예 국경선인 기다란 철책선이 보이고 그 뒤로 넓은 평원 농지가 보이는데 우리나라 비무장지대처럼 통제하에 경작되고 있다고 한다.

아르메니아의 슬픔 아라라트산

제1차 세계대전 중 종교 차이와 러시아와의 내통을 구실로 튀르키예 정부에 의해 아르메니아인 150만 명이 대학살을 당한 뒤 '제노사이드'란 용어가 등장하게 되었다는 슬픈 역사가 서려있는 곳이다. 많은 사람들을 식량도 없이 시리아로 내몰면서 여자들을 인질로 삼아 남자들을 집단으로 총살시키고 여자들도 강간 살해당했다고 한다. 굶어 죽이는 것도 모자라 불에 태워 죽이고 산 채로 바

아라라트산이 바라다보이는 코르비랍 수도원 전경

다에 수장시키고, 집단으로 절벽에서 떨어트려 죽였다 하니 치가 떨리는 현장이다.

운이 좋게 살아남은 어린아이와 여성들은 노예로 팔려가는 등 인류 최악의 인종 말살 살육이 벌어진 곳이다. 튀르키예 정부는 공식 인정을 하지 않고 있으나 국제사회는 이를 규탄하고 집단대학살로 규정하고 있는 게 현실이다. 아르메니아에서는 매년 4월 24일을 추모기념일로 정해서 슬픈 역사를 기리고 있단다.

날씨가 흐려 아라라트산 정상은 보이지 않으나 철책선 너머 넓은 평원이 유난히도 서러워 보인다. 형제의 나라라고 친근하게 다가왔던 튀르키예인데, 이토록 잔인하게 주변국을 괴롭히고 반성도 없다 하니 전후 관계를 확인해 볼 것도 없이 그저 허탈한 기분이다.

세계 최초의 성당인 에치미아진 대성당

아픈 마음을 뒤로하고 세계에서 가장 오래된 성당이라는 에치미아진 대성당으로 향했다. 세계문화유산에 등재되어 있다 하여 고풍스러운 성당을 예상하며 도착해 보니, 맞이하는 건 세련되고 모던한 타입의 거대한 정문이었다. 1995년에 현대적인 감각으로 아치형의 구조에 십자가와 성경 장면을 묘사하였다고 한다.

3세기에 지어졌다는 대성당은 안쪽 깊숙이 자리하고 있었다. 예상했던 대로 대성당은 그동안 보아왔던 여타 교회들과 똑같은 모습이다. 이곳의 기독교 유적들은 대부분 3~6세기에 지어지고 후대에 보완되거나 재건축되었는데 모양도 일란성 쌍둥이처럼 판박이다. 수많은 교회가 머릿속에서 뒤섞여 구분이 되질 않는다.

그러나 이곳이 유명해진 것은 최초의 기독교회이고 아르메니아 교회의 본산지라는 의미보다 보관하고 있는 유물에 있었다. 예수님을 찌른 로마병사의 창과 노아의 방주 조각이 전시되어 있다고 한다. 유물은 별도의 박물관에 전시되어 있었다. 창날만 유리케이스에 넣어져 보관되어 있는데 후대에 자그맣게 십자가를 붙여 넣은 모습이다.

예수님을 찌른 로마병사의 창

고고학적 입증자료 설명이 없어 글쎄 믿어야 할지 어떨지 애매한 게 솔직한 심정이다. 손해 볼 게 없으니 그냥 믿고 싶지만 신앙심이 부족한지 자꾸만 거부감이 생긴다. 노아의 방주 조각은 더더욱 부담스럽다. 정교하게 조각된 금속 십자가 안에 자그맣게 나무 조각이 박혀 있는데 마음이 내키질 않는다. 노아의 방주 자체가 회의적인데 나무 조각 유물이라….

하루 일정을 마무리하고 예레반으로 돌아가지만 대학살의 잔영이 머릿속을 떠나지 않는다. 러시아에 대한 반감이 선량한 아르메니아인에게 쏟아지다니…. 튀르키예 정부가 일부러 군인들의 적개심과 투쟁 의욕을 일으켜 세우기 위해 공작한 게 아닌가 싶기도 하다. 리더들의 권력욕과 영웅심에 항상 피해 보는 건 선량한 서민들이니 어쩔 수 없는 집단사회의 숙명인가.

참혹한 역사 앞에 가슴이 저며오는데, 아르메니아 국민시인 호반네스의 슬픈 시구가 귓전을 맴돈다.

"아르메니아인의 슬픔은 끝없는 바다요,

그 바다엔 깊은 심연이 있고,

내 영혼은 그 슬픔 속을 헤맨다."

18일차

예레반의 밤풍경을 바라보며

저녁 9시 해가 떨어지니 기온은 20도 이하로 내려가고 선선한 바람까지 불어와 산책하기에 더없이 좋은 날씨가 된다. 코카서스 마지막 밤이 아쉬워 산책을 나갔다. 주말인 탓인지 거리에는 많은 사람들로 붐비고 있었다. 어린아이를 동반한 가족들이 눈에 띄는데, 5살 나이에 한참 재롱을 떠는 손녀가 어른거려 자꾸만 걸음이 멈춰진다. 치안이 확실한 데다 4일간의 여행으로 익숙해진 예레반 밤거리가 부담이 없다.

10여 분을 걸어가니 방문 필수 코스라는 공화국 광장이 나오는데, 이미 수많은 사람들이 운집해 있었다. 소련 시절 1920년대에 건설된 커다란 분수 광장으로 사방이 정부종합청사, 박물관 등 고색창연한 현무암 석조 건물로 둘러싸여 있다. 4,000평 정도의 규모라는데 서울시 앞 광장보다 좀 더 크지 않을까?

익숙한 멜로디를 따라 시시각각 색깔이 변하면서 현란하게 춤을

분수쇼가 펼쳐지는 공화국 광장 야경

추는 노래 분수가 은은한 조명으로 치장한 석조 건물들과 어울려 환상적인 분위기를 연출하고 있다. 국민소득 4,000달러의 나라라고는 믿기지 않는 화려한 도시의 밤풍경이다. 서너 곡의 노래가 끝난 뒤에서야 아쉬운 마음으로 자리를 옮기는데 자꾸만 분수대를 돌아보게 한다.

 광장 샛길로 5분여를 걷다 보니 차가 다니지 않는 명동 같은 상가 거리가 나왔다. 길이는 명동과 비슷하고 폭은 두 배쯤 되어 보이는데 수많은 사람들이 활보하며 화려한 밤거리를 즐기고 있다. 낮에는 쇼핑과 업무가 이루어지고 밤에는 거리 공연과 식사가 이루어지는 노던에비뉴란다. 여기저기 거리 악사들의 노랫소리가 들려오고, 커다란 이젤에 화판을 걸쳐놓고 그림을 그리고 있는 모습도 보인다.

도로 옆으로 열 지어 있는 노천카페에는 빼곡히 사람들이 들어앉아 환한 웃음 속에 생맥주와 와인을 즐기고 있다. 여행자의 낭만이 물씬 풍기는 그림 같은 풍경들이다. 저녁을 포식하여 전망 좋은 카페에서 보드카 칵테일 한잔으로 여유를 부려본다.

예레반의 랜드마크 케스케이드

마지막으로 들른 곳은 예레반의 랜드마크 케스케이드였다.

남산 같은 산자락 경사면에 현대미술과 도시경관을 결합하여 종합예술 공간을 조성하였다는데 구조가 독특하여 비교할 대상이 마땅찮아 보인다. 300m 길이에 50m의 폭으로 경사면을 따라 계단과 전시공간이 펼쳐져 있다. 120m 높이로 만만찮은 오름 계단인데, 노약자를 위하여 실내 에스컬레이터가 무료로 운영되고 있단다.

입구 쪽에 다가서니 여러 조각품 사이로 낯익은 사자상이 눈에 들어온다. 폐타이어를 활용하여 만든 한국인 지용호 작가의 작품이다. 한국인은커녕 동양인 자체가 잘 보이지 않는 이국땅에서 우리나

화려한 케스케이드 야경

라 작가의 작품을 만나보니 그저 반가운 마음이다.

에스컬레이터 대신 낮은 경사로 계단을 걸어서 6층까지 올랐다. 한 층 한 층 올라설 때마다 그윽한 조명 아래 너른 휴게공간과 화려한 조형물이 나타나는데 다양한 분수와 결합하여 환상적인 경관을 보여준다. 멀리 내려다보이는 예레반 야경은 보너스이다.

정상에 올라서서 시내 전경을 바라보고 있노라니 그동안의 여정이 주마등처럼 머리를 스쳐간다. 이스라엘-이란과의 충돌 속에서 비행항로까지 바꿔가며 어렵게 찾았던 코카서스였는데, 순식간에 20일이 흘러가버렸다.

부족한 인프라 속에 덜컹거리는 버스 이동이 부담스럽기도 했지만 바라보았던 대자연의 장엄함과 신비로운 고대유적들이 감동과 울림으로 다가와 내내 행복한 마음을 갖게 했다. 참혹한 역사를 간직한 현지인의 아픈 상처에 마음이 아려오기도 했지만 어린아이들의 밝은 미소와 활기찬 모습에서 희망찬 미래가 보였다. 부디 괴로웠던 과거를 떨쳐버리고 번영과 행운이 깃들기를 간절히 바라는 마음이다.

선하고 친절한 사람들의 미소와 장엄한 대자연이 오버랩되는 행복한 코카서스의 마지막 밤이 흘러간다.

Caucasus! Bye Bye! Goodbye!

우쉬굴리 마을 전경

PART 3
히말라야
에베레스트
베이스캠프
EBC

잿빛 하늘을 배경으로 샛노란 황금색 봉우리가
서서히 내려오는데, 검푸른 앞산 밑으로 하얀 구름이 뒤덮여
신비로운 입체감을 드러내고 있다.

1일차

카트만두로

    9개월 전부터 예약해 놓았던 EBC에베레스트 베이스캠프 트레킹을 떠나는 날이다. 여러 우여곡절을 겪었지만 계획대로 16일간의 장정에 오르게 되었는데, 5일 전부터 갑자기 오른쪽 무릎에 통증이 왔다. 무리한 산행을 한 것도 아닌데 자고 일어나 보니 통증이 시작된 것이다. 당장 코앞이라 취소할 수도 없는데, 13일간의 트레킹에 5,500m를 오르는 난코스를 무릎통증을 갖고 갈 수도 없는 난감한 상황이 발생해 버렸다.

    과거 짊있을 때 객기로 무리한 산행을 하다 산꼭대기에서 아픈 무릎을 가지고 기어 내려온 고통스러웠던 기억들이 스쳐 지나간다. 자꾸만 히말라야 산속에서 혼자 고립되는 공포감이 밀려왔다. 하루가 지나도 통증이 가라앉질 않아 속만 타들어 가는데 해결책은 엉뚱한 곳에서 나왔다.

    반신반의하며 국가대표 스키선수 주치의에게 3일 동안 약침을 세 번 맞았는데, 통증이 가라앉아 버린 것이다. 무릎 속에 작은 염증이 생긴 것인데 구조적인 부상이 아니니 걱정 말고 다녀오라고 한다. 정형외과에서는 트레킹을 포기하라 했었는데…. 걸을 때 일말의 경미한 느낌은 남아있지만 그래도 산뜻한 마음으로 인천공항행 리무진에 올랐다.

20년 만의 기록적인 홍수로 일정이 바뀌다

네팔에서도 문제가 생겼다. 20년 만의 기록적인 홍수로 2백여 명이 사망하는 재해가 발생한 것이다. 카트만두 시내가 물바다가 되고 국내선 항공 운항이 불확실해져 트레킹 일정이 꼬여버린 것이다. 고민 끝에 스케줄을 일부 변경하며 트레킹이 결정되었으니, 개인적으로는 천신만고 끝에 성사된 셈이다. 6시간의 비행 끝에 또다시 카트만두를 찾게 되었다. 작년 요맘때 ABC안나푸르나 베이스캠프를 갔다 왔으니 딱 1년 만이다.

작년에 와서 다소 당황해했던 어수선한 공항의 입국시스템이 눈앞에 그대로 전개되고 있다. 바뀐 것은 하나도 없었다. 긴 줄을 따라 30달러를 주고받는 현지 비자 발급, 입국 시 일어나는 이해 못할 보안점검. 비행기를 타는 것도 아닌데, 신발도 벗고 허리벨트도 풀고 세밀하게 검사를 받는다. 좁은 공간에서 지루하게 기다리는 짐 찾기 등을 포함해 1시간 반 만에 입국수속을 마치고 공항을 빠

호텔 로비의 환영 연주단

져나오니 작년에 같이했던 네팔인 가이드가 마중을 나왔다.

 반가운 마음에 인사를 하는데 가이드는 어정쩡한 자세로 반겨준다. 수많은 손님이 오가니 나를 특별히 알아볼 리가 없을 것이다. 그래도 지내다 보면 기억이 날 수도 있겠지. 노련한 산행리드에 모두가 만족하던 가이드였다. 한결 마음이 편안해진다. 가이드는 우리에게 꽃목걸이를 하나씩 걸어준다. 최상의 환영인사이다.

 광장 앞에는 캄캄한 어둠 속에 수많은 사람들이 서성이고 있는데, 상당수가 등산 가이드와 택시기사 등 호객꾼들이다. 무거운 캐리어를 끌고 사이를 비집고 나와 버스에 올랐다. 번잡한 입국수속에 피곤한 몸이지만 작년에 와서 좋은 기억으로 남아있던 하얏트 호텔에서 여장을 푸니 한순간에 피로가 풀린 듯 포근한 마음이 된다. 달콤한 웰컴티와 전통 음악 연주가 이방인을 반겨준다.

따뜻한 샤워 후 전통 음식과 시원한 맥주 한잔으로 네팔의 첫날 밤을 맞는다. 부디 안전하게 트레킹이 성공하기를 간절히 기도해 본다.

2일차
네팔의 신전 앞에서

홍수로 인한 혼선으로 일정이 조정되었다. 당초 계획과는 달리 직접 항공편으로 루크라에 가는 코스로 변경이 되었는데 탑승 시간이 내일 새벽이란다. 오늘은 달리 일정이 없어 하루 종일 카트만두 관광을 하기로 했다. 트레킹 후의 마지막 관광 일정이 앞당겨진 것

불교와 힌두교가 뒤섞여 있는 파탄 지역

이다. 버스로 30여 분 이동하여 네팔의 3대 고도인 파탄을 찾았다. 작년에 왔던 곳이지만, 다시 봐도 경이로운 느낌이 변하질 않는다.

도시 전체가 고대 사원으로 둘러싸여 있는데, 힌두교 사원과 불교 절이 뒤섞여 있는 모습이다. 그 어느 나라에서도 볼 수 없는 독특한 분위기에 감탄이 절로 나온다.

그동안 인도, 파키스탄과 가까워 힌두교의 나라로 인식하고 있었는데 사실 불교와도 밀접한 관계가 있다고 한다. 바로 불교의 발생지인 룸비니가 이곳에서 겨우 300km 떨어져 있는 가까운 곳에 위치해 있기 때문이다. 국경이 애매했던 옛날을 생각하면 이곳도 불교의 성지인 셈이다.

파탄은 룸비니가 가까운 불교의 성지

실제로 룸비니가 이슬람의 침략을 받아 당시 석가모니의 종족들이 이곳으로 피난을 나와 정착하게 되었다며 불교와의 인연을 강조한다. 현재도 이곳 주민들은 자기들이 석가모니의 후손이라고 소개하고 있단다. 석가모니가 출가 전 자식이 있었다는데 수천 년 전의 계보를 어떻게 인정해야 할지 그저 헛웃음이 나온다. 족보가 있나? 다시금 살펴보니 의외로 불교식 사원들이 많이 퍼져있고 박물관에도 불상들이 상당 부분을 차지하고 있었다.

힌두교 사원을 올려다보면 성적 표현들이 난무하는 복잡한 문양과 다양한 신의 형상이 펼쳐져 있는데 두 종교의 이질적이면서도 묘한 조화가 그저 신기할 따름이다. 종교 구분 없이 대부분 석재 기단 위에 정교한 목재조각들로 구성되어 있는데, 서로 섞이다 보니 절인지 힌두교 사원인지 구분도 안 간다. 그냥 네팔식 사원이라는 표현이 적절하지 않나 싶기도 하다.

 한 사원으로 들어가 보니 살아있는 신이라 하여 어린 소녀를 사원 중앙 의자에 앉혀놓고 관광객들을 맞이하고 있었다. 생리가 시작되면 다시 어린아이를 물색하여 교체한다 하는데, 아무리 뜯어봐도 그냥 평범한 어린아이의 표정이다. 알현한다 하며 팁도 받는 걸 보니 어색하기 짝이 없는 모습이다. 그렇다고 상업적으로 크게 돈벌이를 하는 것도 아닌데 아무 짓도 못하고 있는 어린 소녀가 안쓰러울 뿐이다.

뱀은 풍년을 약속하는 상서로운 동물

 다신교인 힌두교답게 여러 마리의 뱀을 신격화해 놓은 조각상도 눈길을 끈다. 이곳에서는 뱀이 상서로운 동물로 인식되고 있단다. 뱀은 더울 때 땅 위로 올라오는데, 땅이 더워지면 하늘에 구름이 생기고 비가 쏟아져 풍작이 이루어지기 때문에 유익한 동물로 보고 있다는 것이다. 서양에서는 선악과를 따 먹도록 이브를 유혹한 나쁜 동물로 인식하는데 이토록 인식의 차이가 크다니 아이러니다.

신격화된 뱀 조각상

우리나라에서 불길한 징조로 인식하는 까마귀가 이웃 일본에서는 친근한 새로 여긴다니 비슷한 상황이지 싶기도 한데….

어쨌든 여행을 하면 행복해진다. 일상에서 벗어나 새로운 역사와 낯선 환경들을 접하다 보면 짜릿한 호기심에 온 맘을 빼앗기며 세상을 즐기는 것이다. 인도식 탄두리 닭고기와 난으로 점심을 때우고 호텔로 돌아와 망중한의 오침에 빠져들었다.

오후 5시에 호텔에서 걸어서 10분 거리에 있는 보드나트 불탑을 찾았다. 네팔에서 가장 큰 불탑으로 유네스코 세계문화유산으로 지정되어 있는 카트만두 최고의 관광명소란다. 기단 높이 36m에 탑 높이가 38m이고 지름이 100m에 이르는 거대한 원형 불탑이었다.

오전에 들렀던 파탄과는 달리 이곳은 라마불교 유적으로 수많은 마니차가 불탑을 둘러싸고 있었다. 탑 상층부에 위치한 거대한 두 눈동자가 아래를 내려다보고 있는데, 부처의 '지혜의 눈'이라는 기이할 정도로 직설적인 모습이다. 단순 유치해 보이는데도 강렬한 이미지로 세상을 굽어보고 있어, 보고 있는 사람 모두가 위축이 되는 듯하다. 파란 하늘과 주황색 노을이 교차되는 석양노을 속에서 하얀 기단과 선명한 부처님의 눈동자가 설명하기 어려운 몽환적인 분위기를 자아내고 있다.

 불탑이 정면으로 보이는 4층 테라스 식당에서 시시각각으로 변하는 노을을 바라보며 맥주잔을 기울인다. 곁들이는 만두가 감칠 맛이 난다. 이곳도 몽골에 침략당했었나 보다. 만두는 몽골의 전통 음식인데…. 살랑거리는 밤바람 속에 거대한 부처님 눈빛 아래서 내일의 고된 일정도 내려놓고 맥주 한잔에 기분 좋게 이국의 정취에 빠져든다. 그래도 처음 도전하는 5,000m급 등산을 앞두고 자꾸 술잔을 기울이면 안 되는데….

식당에서 바라본 보드나트 불탑 전경

3일차

경비행기로 루크라에

 오늘은 히말라야 산속으로 들어가는 날이다. 새벽 4시부터 일어나 짐을 꾸린다. 여행사에서 나누어준 카고백에, 트레킹에 필요한 물품들을 집어넣고 기타 물품들은 캐리어에 담아서 호텔에 보관하는 시스템이다. 오늘 타고 갈 비행기가 18인승 초미니 경비행기여서 특히 중량 준수를 강조하고 있다. 카고백과 배낭을 합쳐 15kg를 넘으면 안 된다고 가이드가 신신당부를 하는데 중량이 초과되니 그저 난감한 상황이다.
 상대적으로 중요도가 떨어지는 물품들을 하나씩 제외하는데도 중량 초과가 변하질 않는다. 국내라면 억지도 부려보고 다른 방법을 찾겠지만 이번에는 상황이 다르다. 자칫 비행기를 놓치게 되면 달리 대안이 없어 모든 일정이 무너져버리는 위험이 도사리고 있기 때문이다.
 지난달 들어갔던 팀이 기상악화로 비행기가 뜨지 않아 며칠간 산속에서 발이 묶였다는 소식도 들려온다. 고민 끝에 무거운 겨울옷을 전부 껴입고 카메라도 어깨에 메었다. 그래도 중량이 초과되어 마지막으로 초콜릿과 세면도구 등 다소 무거운 물품들을 파카 주머니에 욱여넣고 나서야 겨우 중량이 맞아진다. 사람 몸은 무게를 체크하지 않는다 하니 시스템이 어설프기만 하지만 이곳 룰이 그렇다 하니 맞추는 수밖에….

우스꽝스러운 복장으로 공항에서 부담스러운 수속을 밟는데 비행기에 오르고 나서야 비로소 긴장이 풀렸다. 가이드는 루크라행 비행기를 타는 것만으로도 트레킹의 70%가 완성되는 것이라고 너스레를 떤다. 그만큼 변수가 많다는 얘기다.

비행기가 이륙하면서 카트만두 전경이 보이는가 했는데, 순식간에 차창 너머로 히말라야 설산들이 나타난다. 기다랗게 띠를 두른 하얀 구름 위 설봉들이 파란 하늘을 배경으로 펼쳐지는데 예상치 못한 선경이 눈앞에 펼쳐지고 있는 것이다.

루크라공항에서 바라본 구름 위의 설산

30여 분의 짧은 비행 끝에 히말라야 깊은 산속 2,800m 고지대에 위치해 있는 루크라공항에 도착하였다. 공항 밖을 나오니 시원한 바람과 깨끗한 시야가 상큼하게 다가온다.

오늘 산행은 이곳 루크라에서 2,600m 팍딩까지 8km의 완만한 하강 코스를 걷는 것이다. 트레킹 적응을 위한 준비운동쯤으로 생각하며 가벼운 마음으로 산행을 시작한다.

야생화의 천국에서 트레킹을 시작하다

그래도 1년 만에 다시 마주하는 히말라야 트레킹이 아닌가. 설레는 마음에 발걸음이 빨라진다. 군데군데 피어있는 코스모스, 야생화들도 반갑고 무거운 짐을 잔뜩 지고 가는 야크, 당나귀들도 그저 반가운 마음이다. 좁은 등산로에 모두들 일렬로 줄지어 걷는데, 야크 당나귀 행렬이나 포터들을 만나면 모두들 멈추고 기꺼이 길을 비켜준다. 동물이든 사람이든 짐을 지고 가는 자가 우선인 게 히말라야 산길의 불문율인 것이다.

이번 트레킹에 참여하는 일행은 총 18명인데 8명의 조리팀과 등반대장을 포함한 4명의 가이드, 그리고 12마리 당나귀와 3명의 몰이꾼이 스태프로 참여하였다. 인건비가 저렴한 네팔의 특혜인데, 너무 편리하다 보니 황제트레킹이라는 평판도 들리고 있단다. 그래도 5,500m를 오르는 난코스인데 방심은 금물이다.

다소 들뜬 마음으로 2시간쯤 걷다 보니 점심을 예약한 식당이 나타난다. 첫 번째 점심 요리로 비빔밥이 나왔다. 아침을 부실한 도시락으로 때운 탓인지, 며칠 만에 먹어보는 한식 탓인지 모두들 꿀맛이라고 칭찬하며 허겁지겁 먹는다. 나도 두 그릇을 순식간에 해치웠다. 별도의 조리팀이 트레킹 기간 내내 한식을 제공한다.

식사 후 다시 산행을 시작했다. 군데군데 홍수의 흔적들이 나타난다. 나이를 가늠할 수 없는 커다란 나무들이 넘어져 있는가 하면, 출

불탑을 바라보며 걷는 모습

렁다리 밑으로는 거대한 산사태로 산기슭이 휩쓸려간 흔적들이 드러나 있다. 엄청난 속도로 주변 토사를 깎아내리며 거칠게 흘러가는 잿빛 강물은 바리보기가 부담스러울 정도이다. 그래도 등산로는 잘 다져져 편안한 걸음걸이를 도와주니 그저 고마울 따름이다.

2시간여를 더 걸은 후 오늘의 종착지 팍딩에 있는 롯지에 도착하였다. 딱히 오후 일정이 없어서 여유롭기만 하다. 모두 야외 테라스에서 세상 편한 자세로 달콤한 웰컴티를 앞에 두고 따사로운 햇볕을 즐긴다. 이곳은 해발 2,600m 고지대라서 롯지의 불편함을 감

수해야 한다고 마음을 다졌는데, 외관이 생각보다 준수한 모습이어서 모두들 만족해한다.

특히 방마다 샤워실이 갖추어져 있다니 환호성이 나온다. 그렇지만 부실한 모습들도 눈에 띈다. 방 안에 거울이 안 보이고, 온수도 나오질 않는다. 전기 충전은 개당 2,000원, 와이파이는 기기당 5,000원이란다. 야속하지만 독점인데 어찌하랴. 모두 감내해야 할 사안들이다.

오늘 저녁 메뉴는 히말라야 돼지고기 수육과 된장국이란다. 당연히 소주 한잔이 곁들여지는 분위기이지만, 자제하기로 했다. 오늘부터 EBC에 오를 때까지는 금주를 할 작정이다. 처음 맞이하는 5,000m급 등반인데 컨디션 유지를 위해 최선을 다해야 하지 않겠는가. 안이한 자세로 이루어질 목표 수준이 아니다.

식사 후 테라스에 나오니 한기가 온몸을 파고든다. 밤하늘에 별이 반짝이는 듯한데 롯지의 불빛 때문에 시야가 흐려진다. 불빛이 사라지는 새벽에 나와 볼까? 히말라야의 첫날 밤이 그렇게 흘러간다.

4일차

에베레스트 전초기지 남체로

　이른 아침 테라스에 나오니 롯지 지붕 너머로 하얀 설봉이 아침 햇살에 노랗게 반짝이고 있다. 바로 이 지역의 상징인 6,093m 콩데산이다. 환상적인 모습에 입이 벌어지지만 앞으로도 수없이 만나게 될 히말라야 설봉들의 모습일 것이다. 아니 이보다도 훨씬 더 화려한 파노라마들이 펼쳐지지 않겠는가. 힘든 일정이면서도 모든 것을 감내하는 이유이다.

　테라스 뒤편으로 돌아가니 우리 짐을 끌고 갈 동물들이 모여 있다. 가까이 다가가 살펴보니 나귀가 아닌 야크들의 모습이다. 마침 옆에 있는 현지 가이드가 정정을 해주는데 야크처럼 보이지만 야크와 암소의 교배종인 좁대라는 동물이란다. 좁대는 야크처럼 고지대에서도 운반이 가능한 우성동물이라고 귀띔을 한다. 소들은 고지대의 활동이 불가능하다.

　오늘은 이곳 팍딩2,610m에서부터 시작하여 몬조2,835m~남체

3,440m에 이르는 11km 7시간 코스이다. 800m의 고도차이지만 up-down이 심하여 실제로는 1,000m 이상의 고도를 올려야 하는 쉽지 않은 난코스라는 게 기경험자들의 이야기이다. 게다가 3,000m를 처음 넘어가는 코스이기 때문에 더욱더 긴장감을 갖게 된다. 모두 거리보다 고산증세에 대하여 더 염려하고 준비하는 게 현실이니 긴장할 수밖에 없는 것이다.

파란 하늘이 돋보이는 청명한 아침, 조심스러운 마음으로 트레킹을 시작한다. 아침인데도 햇살은 따가운데 산들거리는 시원한 바람이 발걸음을 가볍게 해주며 걱정하는 마음들을 달래준다. 어제와는 달리 깊은 산속 히말라야 대자연의 웅장한 모습들이 초입부터 화려하게 전개되고 있다. 오른쪽으로 높이를 가늠할 수 없는 직벽의 산이 둘러져 있는데 왼쪽 낭떠러지 밑으로는 거대한 잿빛 강물들이 무서운 굉음을 내지르며 폭포처럼 내려가고 있다.

강 건너 멀리 새하얀 설봉이 머리를 내미는데, 바로 6,608m 탐세르쿠산이란다. 기다랗게 S자로 굽어흐르는 강 위로 빼곡한 산들

꽃밭이 화려한 롯지의 아침

마다 짙푸른 나무들이 있고 그 뒤로 탐세르쿠 설봉이 파란 하늘과 더불어 그림 같은 선경을 보여주고 있다. 모두들 가다 서다를 반복하며 사진 찍기에 여념이 없다.

　오전 길은 걷기 좋은 완만한 형태로 계속 이어진다. 길옆으로는 수많은 들꽃이 펼쳐져 있는데, 군데군데 마주치는 롯지, 레스토랑 앞에도 화려한 꽃들을 정성껏 가꾸어놓아 지나가는 이들의 발걸음을 멈추게 한다. 모두 이쁘고 사랑스러운 모습이다. 완만한 경사 길을 3시간여 걸은 후 점심식사 장소에 도착하였다.

　감칠맛 나는 카레밥을 두 그릇이나 비우니 잠이 쏟아진다. 신발도 벗고 양말도 벗고 의자를 붙여놓고 편한 자세로 오침에 빠져든다. 따사로운 햇볕이 단잠을 도와주는데, 세상 부러울 게 없는 꿀맛 같은 순간들이다. 1시간여의 오침 후 다시 트레킹에 나섰다.

히말라야에서 번지점프 다리가

　오전과는 달리 오후 코스는 급경사로 이루어져 단시간 내에 600m 고도를 올려야 한단다. 초입부터 무서운 기세로 흐르는 급류의 강을 따라가면서 급경사 고갯길을 오른다. 헐떡이며 한참을 올라가는데, 멀리 기다란 출렁다리가 눈앞에 나타난다. 위아래 이중의 다리가 있어 의아했는데 가까이 다가가 보니 아랫다리는 폐쇄된 상태이고 윗다리로만 통행이 되고 있었다.

이중의 출렁다리. 아랫다리는 번지점프로 활용

아랫다리를 그냥 폐쇄하기가 아까웠는지 번지점프대로 활용을 하고 있었다. 히말라야 번지점프라니…. 글쎄 뜬금없다는 생각이 든다. 히말라야 트레킹 자체가 흉내 낼 수 없는 독보적인 익스트림일진대, 굳이 인위적인 놀이가 이 깊은 산속에서 호응을 얻을까 싶다.

윗길 출렁다리는 족히 100m는 넘어 보이는 높이에 자리 잡고 있었다. 흔들거리는 다리 위에서 굉음을 내지르며 무서운 속도로 흘러가는 강물을 바라보고 있노라니 자칫 강물 속으로 빠져들 듯한 충동감에 사로잡힌다. 급한 마음에 뛰다시피 다리를 건너서 한숨을 돌린다. 다리를 지나 한참을 올라가는데 이번에는 중간에 도로가 없어져 버려 모두를 당황시킨다. 여름 홍수 때의 산사태로 도로가 유실되어 버렸단다. 급한 대로 위쪽으로 임시길을 내어 'ㄷ' 자로 우회 길을 만들어 놓았다.

 그러고도 끝이 없이 산길을 오르고 또 오른다. 결국 한 분이 낙오하여 뒤처지고 말았다.

 3시간여 동안 고도를 올리며 씨름한 끝에 마침내 오늘의 종착지 남체에 도착하였다. 바로 히말라야를 접한 산악인들 사이에서는 모르는 이가 없다는 그 유명한 에베레스트 전초기지 마을이다. 마을 입구에 들어서는 순간 반복해서 "꼬끼오" 하는 웰컴사운드가 들려온다. 모두에게 웃음을 선사하는 정겨운 울음소리이다. 입구에서 보이는 마을의 전경은 예상외로 거대했다. 비록 평지는 거의 보이지 않지만 산꼭대기에서부터 깊숙한 계곡 아래쪽까지 수많은 건물로 가득 차 있었다. 3,440m 산속 고지대에 인구가 5만 명쯤 살고 있다니 입이 벌어진다. 마을이라기보다는 도시라는 게 더 어울리는 표현 같았다. 거리에는 사람들이 북적이고 있었고, 중앙운동장에서는 청년들의 배구 시합이 한창이었다.

 특이하게도 중앙 도로 옆에 사람보다도 큰 마니차 6~7개가 줄지어 있다. 건들지도 않는데 힘차게 돌아가고 있어 의아했는데, 자세히 보니 마니차 밑으로 계곡물을 끌어들여 수력의 힘으로 돌리고 있었다. 깜찍한 아이디어가 멋져 보인다. 한편으로는 풍부한 수량

화려한 남체 마을 전경

이 있고 번득이는 아이디어들도 있는데 왜 수력발전소를 건설하지 않는지 의아한 심정이다. 인근 대부분의 시설은 전기 부족으로 활동에 제약을 받고 있는 게 현실인데….

　대도시(?)답게 숙박할 호텔의 시설이 화려하기 그지없다. 글자 그대로 호텔 수준이다. 온수가 나오고 호텔식 침구가 제공된다. 배터리 충전도 방에서 무료로 가능하니 진짜 호텔 맞는 것 같다. 그래도 와이파이는 5,000원을 내라고 하네….

　마을 전경이 내려다보이는 전망 좋은 방에서 마지막 샤워를 했다. 내일부터는 고산병 예방 차원에서 샤워 금지란다. 뿌듯한 마음으로 기분 좋게 잠자리에 든다. 내일 아침 호텔방 창문으로 바라볼 마을 전경을 기대하면서….

5일차

본격적인 트레킹의 시작 캉주마로

　이른 아침 창문을 여니 어제 구름 때문에 보이지 않았던 설산이 바로 눈앞에서 찬란하게 빛나고 있다. 남체 마을을 배경으로 햇빛을 받아 콩데산 꼭대기부터 노란 황금빛이 산자락을 타고 내려오고 있는 것이다. 햇빛이 올라오면서 황금빛 산은 하얀 설산으로 변하는데 하늘 색깔도 짙푸른 파란색으로 변한다. 다채로운 색상의 건물들이 반짝이는 마을 위로 파란 하늘과 하얀 설산이 멋진 하모니를 이루고 있다.

　오늘은 고소 적응을 위해 하루 쉬어가는 날이란다. 어제 다소 힘든 산행으로 3,500m까지 올라왔기 때문에, 오늘은 에베레스트 뷰 호텔 3,880m까지 올랐다가 캉주마 3,550m까지 내려가는 비교적 짧은 코스란다. 약 6km 4~5시간의 코스이다. 산행은 호텔 바로 뒤 언덕길에서 가파르게 시작된다.

　계속 이어지는 가파른 언덕길에 일부 사람들이 쉽지 않은 코스라

황금빛으로 물드는 콩데산의 일출

고 혀를 내두르지만, 청량한 날씨 덕에 오르는 분위기가 나빠 보이지는 않는다. 햇살은 따사롭지만 시원한 바람이 불어주어 모두 경쾌하게 걷고 있는 것이다. 능선을 따라 올라가기 때문에 시야는 확 트여있는데 왼쪽으로 호텔방에서 보았던 콩데산이 손에 잡힐 듯 가깝게 올라서 있다.

세계에서 가장 높은 곳에 위치한 에베레스트 뷰 호텔

콩데산과 오른쪽의 탐세르쿠산 사이로 가파른 언덕길을 오르는데 또 한 명이 뒤로 처지기 시작한다. 약한 고산증세가 나타난다고 한다. 일단은 쉬엄쉬엄 걷는 수밖에 달리 방법이 없다. 선두와 후미그룹이 이원화되면서 속도를 조절하여 2시간쯤 걷다 보니 드디어 고갯마루가 나타난다.

한숨을 돌리며 방향을 틀고 마루를 넘어서는데, 갑자기 새로운 세상이 펼쳐진다. 전혀 예기치 못한 전경에 모두 입을 다물지 못하고 탄성을 내지른다.

가운데 에베레스트산을 중심으로 왼쪽으로는 쿰부율라산과 오른쪽으로는 로체봉, 세계 3대 미봉이라는 아마다블람, 탐세르쿠까지 180도 설산의 파노라마가 장엄하게 펼쳐져 있는 것이다. 구름 걷힌 파란 하늘을 배경으로 펼쳐지는 하얀 설산의 모습은 과연 군더더기 없는 최고의 경관이었다. 숨 막히는 그림에 그저 할 말을 잃는데, 가이드는 조금만 더 올라가면 이보다 더한 최고의 뷰포인트가 나온다고 길을 재촉한다.

10여 분을 더 걸어 마지막 산정에 오르니 일본인이 건설했다는 에베레스트 뷰 호텔이 나왔다. 세계에서 가장 높은 곳에 위치해서 기네스북에 오른 호텔이라고 알려져 있는 유명 호텔이었다. 호텔 안을 지나면 외부 테라스로 연결되는데, 이미 많은 사람들로 북적이고 있었다. 가이드의 말대로 테라스 앞 풍광은 말로 표현하기 힘

에베레스트 뷰 호텔에서 바라본 에베레스트 설산

든 장관이었다.

  조금 전 산마루에서 보았던 파노라마의 클로즈업판이 전개되고 있는데, 구름이 사라진 파란 하늘 아래 새하얀 히말라야 연봉들의 모습이 그저 할 말을 잃게 만든다. 운이 좋은 건지 늘상 보이는 모습인지는 모르겠지만 그저 행복할 따름이다. 최종 목적지 EBC를 가지 않아도 충분히 만족할 것만 같은 행복감이 몰려온다. 자꾸만 셔터를 눌러대도 풍광이 아까워 찍고 또 찍는다. 야외 테라스에서 가장 전망 좋은 좌석을 확보하여 환타 한 잔으로 목을 축인다. 시간

설산이 바라다보이는 언덕에서 노는 아이의 모습

여유가 많으니 충분히 즐기라는 가이드의 말소리가 반갑기 그지없다. 환타 한 잔으로 1시간여를 앉아서 하염없이 바라보다 아쉬움을 간직한 채 자리를 떴다.

하산길은 완만한 내리막길로, 길지도 않았다. 급할 것도 없어 천천히 여유를 갖고 내려간다. 마을 어귀에서 아이들을 만났다. 순박한 어린아이들이 수줍은 웃음으로 "나마스테"라고 인사를 한다. 그저 예쁘고 사랑스러운 모습들이다.

내려다보이는 마을은 결코 작지 않은 규모인데 건물들의 모습이 모두 획일적이었다. 지진이 발생하여 일괄적으로 복구하다 보니 비슷한 모양이 되었다는 설명이다. 이 순박하고 평화스러운 마을에 지진이라니, 너무 세상이 불공평하다는 생각이다.

오후 1시에 오늘의 숙소 캉주마에 도착하여 여장을 풀었다. 맛있는 점심으로 김치볶음밥을 두 그릇이나 비우고 나니 졸음이 온다. 안타깝게도 가이드가 고산증세의 위험이 있다고 낮잠을 자지 말고 움직이라고 당부한다. 모두 안전 차원에서 산소포화도를 체크해 보았다. 75%를 기준으로 구분하는데 나는 다행히도 80%를 넘겨 베리 굿이라고 엄지를 치켜세워 준다. 무릎도 해결되고 컨디션도 굿이라니 이 시점에서 더 바랄 것이 있을까? 베리 굿 하느님 만세다!

65%에서 70%대 초반이 나온 분들이 있는데 실망하는 표정들이 눈에 읽힌다. 별것 아닌 참고 수준이라 하는데도 은근히 부담을 갖는 분위기이다. 여타 증상도 없고 밥도 잘 먹는데, 마음고생을 사서 하는 것 아닌가 싶기도 한데…. 오늘부터는 샤워 금지이고 술도 금지란다. 어차피 온수가 나오지 않아 샤워는 포기한 상태이다.

롯지 앞 테라스의 전경이 오전에 보았던 에베레스트 산맥군일 것 같은데 지금은 온통 구름으로 뒤덮여있다. 아마 내일 새벽에는 구름이 다 걷히고 또 화려한 설산의 풍광이 나타날지도 모른다. 운 좋게도 롯지 뒤가 동쪽이라면 순광 속에 황금색 설산의 파노라마를 볼 수도 있을 텐데…. 깨끗한 샤워는 못했지만 그 어느 때보다도 포근한 잠자리에서 꿈속으로 들어간다.

6일차

아마다블람 밑 팡보체로

　새벽에 테라스에 나가니 정면으로 쿰부율라, 아마다블람, 탐세르쿠산이 눈에 잡힐 듯 다가와 있다. 아쉽게도 해 뜨는 방향이 거의 역광이어서 기대했던 황금색 일출잔치가 사라져 버렸지만 6,000m가 넘는 암봉들의 파노라마에 새벽부터 탄성이 터져 나온다. 세계 3대 미봉이라는 아마다블람이 측광의 아침 햇빛을 받아 신비스럽게 빛나고 있다. 오늘 트레킹 내내 아마다블람을 따라 걷는다 하니 벌써부터 설레는 가슴이다.

　오늘의 코스는 이곳 캉주마3,550m에서 시작하여 탱보체3,860m~디보체3,820m~팡보체3,930m에 이르는 9km 6~7시간의 코스이다. 고도차는 400m로 표시되지만 계곡 밑 다리까지 300m 정도를 내려가므로 약 700m의 고도를 올려야 하는 쉽지 않은 코스이다.

　본격적으로 고산 등반이 시작되므로 모두 긴장된 마음으로 조심스레 첫발을 내딛는다. 멀리 맞은편 높다란 산마루 언덕 위에 오늘의 점심 장소가 선명하게 눈에 들어온다. 청명한 날씨 탓에 가까워 보이지만 깊은 계곡 밑에까지 내려갔다가 또다시 가파르게 올라가야 하는 4시간짜리 난코스이다.

처음부터 까마득한 계곡 밑을 향하여 가파르게 내리막길이 이어진다. 계곡의 입구에서 출렁다리를 건너면서 본격적으로 오르막길이 시작되는데, 3,000m 후반의 고지대이므로 선두 리더가 천천히 걸으면서 속도를 제어해 준다. 어제까지 2명이 뒤처졌는데 자칫 리듬을 놓쳐버리면 바로 고산증세가 나타난다고 급히 움직이지 말 것을 신신당부한다. 다행히 시원한 바람, 따사로운 햇볕이 긴장된 마음을 풀어준다. 중간중간 야크 무리와 포터들이 지나가고 그때마다 가던 길을 멈추고 길을 양보하는 상황이 반복된다.

84kg 철관뭉치를 나르는 포터들

일반적으로 포터들은 짐을 카고백에 싣거나 커다란 바구니에 담는데 특이하게 무거운 건축자재를 메고 가는 포터가 지나가고 있다. 족히 3m는 되어 보이는 철관 묶음을 등에 지고 올라가고 있었다. 너무 길어 야크로는 운반이 불가능해 보이는데, 등을 바짝 구부리고 가는 모습이 안쓰럽기 그지없다. 땅에 끌리지 않기 위해 등을 펼 수가 없는 것이다. 쉬고 있는 포터에게 넌지시 물어보니 84kg이란다. 오 마이 갓! 상상할 수 없는 황당한 무게이다. 다른 수단이 강

구되기를 진심으로 빌어본다. 쉽지 않은 길로 오전 내내 걸어 3,860m 탱보체 식당에 도착하였다.

식당은 사방이 트여있는 산마루 정상에 위치해 있었다. 햇빛이 구름에 가리고 제법 차가운 바람이 불어와 모두들 보온 재킷을 꺼내 입는다. 식당 옆 드넓은 곳에 600년 된 라마 절이 있어 3,000원의 입장료를 내고 들어가 보았다. 절 안은 쥐 죽은 듯 조용한데 법당 입구에 오체투지의 흔적으로 깊게 홈이 패인 바위가 눈길을 끈다. 법당 안 중앙에는 부처님 상이 모셔져 있

84kg의 철관, 운반할 때는 고개를 굽혀야 한다.

고 양 밑으로 스님들이 자리가 줄지어 있는데, 다큐에서 많이 보았던 오체투지의 복장이 기다랗게 진열되어 있었다. 자리를 지키고 있던 스님이 축원의 의미로 목에 빨간 띠를 목걸이처럼 매어준다.

점심 메뉴는 반가운 음식 수제비이다. 히말라야 산속에서 토속 한국 음식인 수제비를 먹는다. 그것도 곱빼기로…. 오후 코스는 오전과는 달리 경사가 급하지 않는 평이한 길이다. 까마득한 절벽 밑으로 거대한 강물이 거칠게 흘러가고 있는데, 군데군데 높이를 가늠하기 어려운 폭포수들이 굉음을 내며 떨어지고 있다. 맞은편 산 계곡에서도 수백 m의 거대한 물줄기가 흘러 내려오는데 낙차가

탱보체에 있는 라마 절 전경

커서 계곡인지 폭포인지 구분이 애매한 모습이다. 강물을 거스르고 출렁다리를 건너며 2시간여를 걷고 나서야 오늘의 숙소 팡보체에 도착하였다.

　롯지 앞 비탈길을 내려가면 깊숙한 낭떠러지로 거대한 강이 거칠게 흐르고 있는데 위쪽으로는 트레킹 내내 따라붙었던 아마다블람이 구름 속에서 얼굴을 내밀며 손에 잡힐 듯 다가와 있다. 거울도

구름 속에 쌓여있는 아마다블람

없고 샤워실도 없는 2층 방이 정해졌는데도 불만은 없다. 창문 밖에 거대한 아마다블람 봉우리가 손에 잡힐 듯 다가와 있는데 불만이라니…. 시시각각으로 변하는 구름 속에서 순간 봉우리가 얼굴을 내민다. 찰칵! 사진 한 컷이다. 어쩌면 내일 아침에는 황금빛으로 빛나는 아마다블람을 침낭 속에서 볼 수 있을지도 모른다. 벌써부터 설레는 맘이다.

7일차

4,000m를 넘어서며 딩보체로

아침 6시에 창문을 여니 아마다블람과 탐세르쿠 암봉이 역광으로 햇빛을 받지 못해 어두운 모습이다. 그래도 아쉬운 마음으로 테라스로 나갔는데 의외의 반전이 기다리고 있었다. 반대편 콩데산 봉우리가 햇빛으로 노랗게 불타오르고 있었으니, 전혀 예상치 못한 선물이었다. 잿빛 하늘을 배경으로 샛노란 황금색 봉우리가 서서히 내려오는데, 검푸른 앞산 밑으로 하얀 구름이 뒤덮여 신비로운 입체감을 드러내고 있다. 좀처럼 볼 수 없고 상상할 수도 없는 비경 앞에 할 말을 잃는다. 두고두고 생각날 아침 일출의 절경이었다.

엄홍길 휴먼학교를 찾아

오늘은 이곳 팡보체3,930m에서 출발하여 소마레4,010m~딩보체4,410m에 이르는 9km 6~7시간의 비교적 짧은 코스이다. 고도 4,000m 이상을 처음 걷기 때문에 고소 적응을 위해 코스를 짧게 설정하였다고 한다. 모두들 어제 이상으로 긴장감을 갖고 출발한다. 타보체 산허리를 감아돌며 산행이 시작되는데 20여 분 거리에 엄홍길 휴먼재단 학교가 있어 잠깐 들렀다. 에베레스트와 아마다

콩데산의 환상적인 아침 일출

360도로 설산이 펼쳐지는 환상의 트레킹

블람 암봉이 바라다보이는 높은 언덕에 위치해 있는데, 지금은 방학 중이라 학교는 비어 있단다. 이런 학교가 20여 개가 설치되어 있다니 성공한 사람의 멋진 보답이라는 생각이다.

가는 길은 어제처럼 up-down이 있지는 않지만 아무래도 고소 증세가 문제가 되나 보다. 일행 중 몇몇이 두통과 소화불량의 고통을 호소한다. 첩첩산중이라 달리 처방은 없고, 갖고 온 약 몇 알을 먹고 쉬었다 걷다를 반복하는 수밖에 없다. 결국 라인을 이원화하고 후미 팀은 최대한 템포를 늦추어 걷기로 했다. 걷는 고통을 아는지 모르는지 주변 경관은 화려하기만 하다. 파란 하늘 아래 아침햇살을 받아 모든 봉우리가 보석처럼 빛나고 있다. EBC가 가까워지는지 줄곧 정면으로 에베레스트를 보며 걷는다.

전면에는 에베레스트와 로체가 보이는데, 오른쪽으로는 타보체,

물을 끓이는 집열판

왼쪽으로는 아마다블람, 뒤쪽으로는 콩데가 있어 시시각각으로 변하는 햇빛과 구름으로 히말라야 암봉들의 천변만화를 360도로 바라보며 걸어간다. 사진을 찍느라 가다 서기를 반복하니 걸음걸이도 늦어진다. 어차피 오후 일정이 비어있기도 하고….

타보체 암봉 산허리를 돌아가고 있는데 군데군데 산사태로 무너진 길이 보인다. 좁은 길은 폭이 1m도 채 되지 않아 조심조심 걸어야 한다. 왼쪽은 천 길 낭떠러지인데 그 끝은 거센 강물이 거칠게 흘러가고 있는 위험하기 짝이 없는 급류 계곡이다. 쳐다보는 것만으로도 식은땀이 날 정도로 부담스러운 능선길이 드문드문 이어진다. 그 좁은 통로로 야크떼도 지나가니 너무 엄살인지는 모르겠지만 부담스러운 걸 어찌하랴. 야크떼가 지나갈 때면 산 쪽으로 누울 듯이 바짝 붙어야 한다. 간혹 야크들도 주저주저하는 모습을 보이는데 동물들도 두려운 건 두려운가 보다. 완만한 능선길로 5시간을 걸어서 오후 1시에 딩보체 숙소에 도착하였다.

  지금까지의 주로 비탈진 언덕 위 롯지들과는 달리 산들로 둘러싸인 널따란 분지에 숙소가 자리하고 있어 편안함을 느끼는 마을이었다. 내일은 이곳에서 2단계 고소 적응 훈련을 하기 때문에 2연박을 하게 된단다. 이틀 연속 같은 숙소라니 마음이 느긋해진다. 내일 아침 짐을 쌀 일이 없으니 순간 작은 행복감이 찾아든다. 그렇지만 오지 속으로 들어갈수록 불편함은 더해진다. 전기도 태양광으로 제한적이고 와이파이도 비싸고 잘 터지지도 않는다. 오던 길에 보니 커다란 반사판을 이용하여 물을 끓이는 원시적인 모습도 보인다. 와이파이는 이틀에 15,000원, 배터리 충전은 10,000원이란다. 비싸지만 달리 방법이 없다.

  트레킹 중반부로 넘어가니 낙오자가 생긴다. 세 분이 고산증으로 점심을 걸렀고, 두 분은 체력 저하로 자꾸만 뒤처지고 있다. 커다란 마을로 마침 병원이 있다고 해서 탈진 상태인 일행 중 한 분은 수액주사를 맞을 수 있었다. 모두 어렵게 잡은 기회일 텐데 부디 잘 회복되어 모두 함께 EBC에 도착하기를 간절히 기원해 본다.

8일차

고소 적응 훈련에

새벽에 창문 커튼을 여니 타보체 봉우리가 한눈에 들어온다. 밖에 나와 보니 밤새 구름이 전부 사라지고 깨끗한 히말라야 암봉들이 아침햇살에 모습을 드러내고 있다. 앞산인 아마다블람은 역광으로 실루엣만 보여주는데, 창문 너머로 보였던 타보체는 꼭대기부터 노란 황금색으로 변하면서 점점 밑으로 내려간다. 규모를 가늠할 수 없는 거대한 설산이 샛노랗게 물드는 장관을 바로 눈앞에서 목도하고 있는 것이다.

가슴이 뛰고 흥분되지만 달리 표현할 방법은 없다. 그냥 볼 수 있어서 행복한 느낌이다. 해가 올라오면서 황금색은 새하얀 설산의 모습으로 돌아가고 하늘은 짙푸른 파란색으로 더욱 짙어져 화보에 나오는 듯한 선명한 히말라야 본연의 모습을 보여준다.

고도가 4,000m를 넘어가니 날씨가 확연하게 추워진다. 영하의 아침 날씨에 방한 옷을 단단히 차려입고 산행을 나섰다. 오늘은 고

고갯마루 위의 등반객들

소 적응 2일차로 짧은 산행 후 하산하는 일정으로 왕복 4km 3시간의 코스이다. 한 타임 쉬어가는 일정이라 생각된다. 이곳 딩보체 4,410m에서 낭가르상 중턱 4,800m까지만 올랐다가 내려오는데, 내일부터의 본격 트레킹을 위한 준비 운동 격인 셈이다.

다행스럽게도 고산증세가 있던 세 분이 어느 정도 회복이 되었는지 준비 산행에 동참하겠다고 한다. 너무나도 어렵게 잡은 기회이기 때문에 욕심이 앞설 수도 있어 모두 조심스러운 마음이다. 오늘 지켜보고 컨디션을 봐서 동참 여부를 판단하겠다고 한다.

오늘은 시간 여유가 있는 만큼 최대한 자제하여 천천히 걷기로 한다. 어제와는 다르게 조금만 빨리 움직여도 숨 가쁜 반응이 와서 모두 신중히 걷는다. 길은 생각보다 가파르게 이어져 또다시 대열이 벌어지고 만다. 시야가 넓고 다 보이는 능선길이기 때문에 사고의 위험은 없어 보여 그냥 느슨한 통제하에 걸어 올라간다.

첫 번째 고갯마루에 올라서니 6,000m 이상의 거대한 설산 파노라마가 270도로 펼쳐지고 있다. 좌로부터 아마다블람, 캉테가, 탐세르쿠, 콩데, 타보체, 촐라체, 로부체까지 어느 것 하나 뒤처지지 않는 설산들의 한가운데 내가 서있다.

햇빛의 각도에 따라 깨끗한 순광의 모습이 있지만, 측광으로 한쪽 면만 빛나는 신비스러운 모습도 있고, 역광을 받아 빛이 산란된 뿌연 모습도 보인다. 하지만 하나같이 세상 어디에서도 없을 것 같은 독특한 풍광을 보여주고 있다. 그것도 270도 파노라마로…. 고생한 보람이 있었나? 뭉클한 감동이 밀려온다.

등산로에는 수많은 전 세계 사람이 몰려와 혼잡을 이루고 있다. 한쪽 언덕에서는 7~8명 되는 청년이 음악에 맞춰 집단 댄스를 추고 있다. 인도풍 노래로 보아 인도 청년들인 것 같은데 계속 동영상을 촬영하고 있었다. 오가는 사람들도 천태만상이다. 아시아 쪽은 주로 우리나라 사람들이지만, 서양인들은 다양한 나라 사람인 것 같다. 다만 특이하게도 흑인들은 거의 보이지 않는다. 이유는 잘 모르겠지만…. 인종에 관계없이 모두 밝고 상기된 표정으로 즐겁게 인사를 나눈다.

다소 쌀쌀한 바람이지만 따사로운 햇볕이 보완을 해주는 날씨 속에 무난하게 4,800m 중간 언덕에 도착하였다. 단순 트레이닝 코스이기 때문에 특별한 의미는 없나 보다. 각자 기념사진을 찍고 간단한 휴식 후에 하산하였다. 오늘 점심은 한국 라면이다. 애피타이저로 나오는 토종 감자 맛이 비할 데가 없다. 알싸한 맛에 뒷맛이 달콤하여 자꾸만 손이 간다. 라면 곱빼기로 배를 채우니 세상 부러울 게 없다.

오후 시간이 비어 일부 사람들은 마을 카페에 마실을 나가고, 일부는 인근 지역으로 산책을 나갔다. 절대 샤워를 해서는 안 된다는 가이드의 당부가 있었지만 도저히 꿉꿉한 몸을 견딜 수가 없어 몰래 샤워를 했다. 온수 제공 샤워가 8,000원이다. 밤에 탈이 나면 안 되는데….

9일차

해발 4,910m 로부체로

아침식사 자리에 뜬금없이 생일송이 울려 퍼진다. 중학생쯤 되어 보이는 여자아이가 있는 7명의 가족 중에 생일이 있나 보다. 노래가 끝나자 모두 아낌없는 박수를 보내준다. 서양인 가족인데 이 험한 코스를 가족이 모두 참석하여 진행하니 그 가족애가 얼마나 돈독할지 상상이 안 간다. 평생토록 가족을 지켜주는 든든한 버팀목이 되지 않을까? 오늘은 이곳 딩보체4,410m에서 두클라4,620m~로부체4,910m로 이어지는 9km 8시간의 코스이다. 500m 고도이지만 지나온 곳과는 차원이 다른 점이 이곳은 4,000m 후반에 이르는 고지대이므로 정말 천천히 걸어야 한다는 점이다.

고갯마루에서 바라본 설산의 파노라마

거대한 설산의 파노라마에 넋을 놓는다

3일 동안 보아왔던 아마다블람을 뒤로하고 널따란 페리체 평원을 가로질러 간다. 왼쪽으로 타보체와 촐라체 봉우리가 햇빛을 정면으로 받아 눈부시게 빛나고 있다. 널따란 평원이 가슴을 탁 트이게 한다. 정면으로 우뚝 솟아있는 푸모리7,165m 옆으로 랑탕, 콤부체, 창체 등 거대한 설산의 파노라마가 펼쳐지는데 밑으로는 하얀 자갈밭 사이로 빙하수가 기다랗게 S자를 그리며 흘러간다. 짙푸른 하늘 아래 다시 보기 힘든 절경을 이루고 있다.

고도 4,600m가 넘어가면서 주변에 나무들은 사라지고 땅에 붙은 이끼류만이 널따랗게 흩어져 있고 군데군데 잔설이 남아있어 추운 고원지대임을 실감케 한다. 길은 완만하게 평탄한 길로 이어지지만 몇몇 일행이 호흡곤란으로 걸음이 늦어진다. 가이드들이 천천히 리드하며 안전 산행을 유도하는데 절대로 조급해서는 안 될 느낌이다. 두통이 왔던 분들도 완전 회복이 되지 않아 조심조심 걷고 있다.

3시간여를 걸어 점심 장소인 두클라에 도착하였다. 이곳부터는 오지여서 롯지 외에는 마을이 보이지 않는다. 식당 안에는 발 디딜 틈도 없이 혼잡한 모습이다. EBC로 가는 길이 이곳 하나이고 식당도 하나밖에 없기 때문에 사람들이 밀리는 것이다. 네팔 볶음밥과 생강차 한 잔으로 점심을 때우고 오후 트레킹에 나섰다.

이곳부터 급한 경사로 300m 고도를 올려야 한단다. 느긋한 마

페리체 평원에서 바라보는 설산의 모습

음으로 한 걸음 한 걸음 올라간다. 가는 길에 적지 않은 돌탑들이 보여 물어보니 전부 등산 도중 사망한 자들을 기리는 추모비라고 한다. 한국인 추모비도 있다고 하는데 멀리 떨어져 있어 그냥 지나치기로 했다. 1시간여를 지나 언덕에 올라서니 비로소 평지 길이 나타난다.

  오후가 되면 구름이 많아져 설산들은 항상 구름 속에 파묻힌다. 풍경 사진을 반드시 오전에 찍어야 하는 이유이다. 빙하수가 흐르

설산을 바라보고 있는 마부들의 모습

는 냇가를 따라 1시간여를 더 걸어서 오늘의 숙소 로부체에 도착하였다.

　주최 측에서 준비한 따뜻한 마늘 스프가 온몸을 녹여준다. 여러 어려움에도 불구하고 18명 전원이 4,910m 롯지에 도착한 것이다. 일주일이 지나면서 서로를 체크하고 걱정하는 팀워크가 만들어졌다. 무사히 도착했음에 서로 격려하는 분위기가 훈훈하다. 가이드가 반가운 소식을 전해준다. 단체팀이 취소되어 룸이 당초 4인실에서 2인실로 바뀌었단다. 모두 환호성을 지른다. 화장실도 공동이고 씻을 곳도 없지만 모두 행복한 표정들이다.

  세면장이 없어 씻지도 못하고 식당으로 모였다. 저녁 메뉴로 맛있는 부대찌개가 나왔는데도 많은 사람이 제대로 먹지를 못한다. 고산증세로 두통도 오지만 식욕이 없어지는 거다. 다행스럽게도 나는 여전히 곱빼기를 소화하는데, 식사를 힘들어하는 사람들 옆에서 조금 민망한 마음이다. 식사 대신 작은 과일과 생강꿀차로 대신하니 안쓰러운 마음인데도 도와줄 방법은 없다. 본인이 극복할 문제이고, 컨디션이 회복되지 않으면 등정을 포기해야 한다. 어쨌든 시간은 흘러가고 내일은 드디어 EBC에 도전하는 날이다. 최고의 컨디션을 위해 만반의 준비를 해야겠다.

10일차

드디어 EBC 등정을

디데이 날이 밝았다. 오늘은 이곳 로부체4,910m에서 출발하여 고라셉5,140m에서 점심을 하고 하이라이트 EBC를 등정한 뒤 다시 고라셉으로 돌아오는 11km 8시간의 코스이다. 본격적으로 5,000m를 걷는 코스인 것도 부담스럽고 서서히 피로도가 밀려오는 시점도 부담스럽다. 마지막 등정일을 앞두고 그동안 고산증으로 고생했던 일행 중 2명이 결국 등정을 포기하고 헬기로 돌아가는 것으로 결정했단다. 아쉬운 마음이다.

18명 중 16명이 출발하는데 다행히 날씨가 쾌청하여 복잡한 마음을 달래주는 듯하다. 아직 에베레스트가 보이지는 않지만 에베레스트 정방향으로 걸어간다. 빙하가 많이 사라진 빙하길 옆으로 끝없이 돌길이 이어지는데 주변은 온통 설산으로 둘러져 마치 히말라야 한가운데 서 있는 듯한 주인공의 느낌을 갖는다.

아침햇살을 받아 빛나는 설산들의 모습은 가히 비교 대상이 없어 보이는 절경이다. 왼쪽부터 푸모리, 랑탕, 콤부체, 롤랑, 눕체의 그림 같은 봉우리들이 화려하기 그지없다. 7,000m가 넘는 푸모리의 위압감도 눈길을 끌지만, 랑탕은 거의 1km쯤 되어 보이는 천연 슬로프처럼 흠집 하나 없이 거대하게 펼쳐져 있는 설사 면의 모습이 정말 신기하다. 마치 스키 점프대와 같은 모습이다. 걷는 길은 힘들지만 화려한 암봉들을 바라보는 즐거움으로 3시간여를 걸어 고라셉 롯지에 도착하였다.

롯지는 온갖 사람들로 만원을 이루고 있었다. 에베레스트를 가

EBC 길목에서 부상자에 대비하여 기다리는 말들

EBC로 가는 험난한 길

는 모든 사람들은 이 롯지를 거쳐야 하기 때문에 항상 혼잡하다는 설명이다. 틈새를 비집고 어렵게 자리를 잡아 카레라이스로 점심을 한 후 곧바로 출발한다. 왕복 4km로 짧은 거리이지만 너덜 길에 up-down이 심하여 시간이 만만찮게 걸릴 수 있단다. 자칫 돌아오는 길에 랜턴을 써야 할지도 모르기 때문에 시간을 아끼는 것이다.

또 1명이 고산증으로 걷기를 포기하고 말을 타고 가기로 한단다. 왕복 350달러이니 적은 돈은 아니지만 탈진 상태인데 욕심은 생기고 궁여지책으로 보인다. 이곳 5,140m부터 걷는 것은 나도 생애 처음이다. 여간 조심스러운 게 아니다. 고산증 증세가 나타나지 않기를 간절히 바라는 마음이다.

밑으로는 빙하지대가 이어지는데 거의 눈이 사라지고 맨땅이 드러나 있다. 걷는 길 주변으로는 잔설이 남아있어 미끄러지지 않도록 조심조심 걷는데, 의외로 말을 타는 손님이 많아 길을 비켜주기 위해 가다 서다를 반복한다.

EBC에 올라 태극기를 들고

눕체 암봉 너머로 살짝 에베레스트 정상부가 보여 모두들 환호성을 지르지만 가는 길은 up-down이 심한 자갈길이어서 힘들어하는 표정들이다. 고산증과 피로도가 쌓이면서 후미팀이 자꾸만 처진다. 가능한 차이를 줄이고자 기다림이 이어지다 보니 결국 예정보다 1시간이나 늦게 EBC에 도착하였다.

EBC는 빙하 한가운데 위치해 있었다. 실제 베이스캠프는 별도의 장소에 있고 이곳은 상징적인 의미에서 만들어 놓은 곳이란다.

EBC에 도착하여 태극기를 들고

어쨌든 뭉클한 감동과 환희가 몰려온다. 5,364m 이곳에 오기 위하여 9개월 전부터 결정하고 전지훈련(?)까지 소화하며 네팔로 날아왔고 10일간의 긴 여정을 히말라야와 부딪치며 나 자신과 씨름을 해왔던 것이다.

　누군가 태극기를 가져와 모두 돌아가며 사진을 찍었다. 우리 뒤로 이스라엘팀도 국기를 가져와 사진을 찍는다. 누구나 꿈꿀 수 있지만 누구도 쉽게 와볼 수 없는 이 멋진 곳의 도전에 성공한 내가 스스로 대견하고 뿌듯한 마음이다. 당분간 두고두고 머릿속에 맴돌 것이다.

　돌아오는 길은 시간이 모자라고 역시 길이 험해 체력이 달리는 4명은 말을 타기로 했다. 다행스럽게도 랜턴을 켜지 않고 해가 지기 전에 숙소에 도착하였다. 숙소 앞 눕체 봉우리가 석양빛을 받아 황금색으로 변하고 그 위로 반달이 걸린다. 다시 못 볼 히말라야의 꿈결 같은 장면에 추위도 잊은 채 넋을 놓는다. 내일은 마지막 하이라이트 도전 목표, 갈라파타르가 기다리고 있다.

11일차

마지막 목표 갈라파타르 등정을

 마지막 하이라이트 갈라파타르5,550m를 등정하는 날이다. EBC 보다 고도도 높고 등정의 난이도도 무척 까다로워 일반인이 쉽게 오르지 못하는 곳이라 한다. EBC에서 에베레스트를 볼 수 없다는 점을 보완하기 위하여 개발되었다는 곳으로 정상에 오르면 에베레스트 정상부와 로체봉까지 손에 잡힐 듯 선명하게 바라볼 수 있다고 한다.

 오늘의 코스는 새벽 4시에 시작한다. 왕복 4km의 갈라파타르 등정 후 페리체까지 하산하는 일정으로 17km 10시간의 긴 코스이기 때문에 트레킹 시간을 늘리기 위해 새벽에 출발하는 것이다. 안타깝게도 어제에 이어 또다시 3명이 탈진하여 헬기로 내려간다고 한다. 갈라파타르의 난이도 때문인지 남은 13명 중에서도 2명이 포기하여 최종 11명이 등반에 참여하기로 했다.

 새벽 3시 반에 주최 측에서 제공해 준 마늘 수프와 생강꿀차로 뱃속을 채운 뒤 밖을 나선다. 영하의 차가운 기온 속에 방한 옷깃을 단단히 여미고 산 쪽으로 향하는데, 밤하늘에는 수많은 별이 산자락과 맞닿을 듯 가깝게 쏟아지고 있다. 캄캄한 산 능선 위에는 벌써부터 기다랗게 랜턴 불빛 행렬이 이어지고 있다. 길은 초입부터 가파르게 이어지는데, 고도가 5,000m가 넘는 만큼 조심스럽게 한 발 한 발 내디딘다.

30여 분을 지나 언덕에 올라서니 바로 눈앞에서 눕체의 커다란 산봉우리 실루엣이 나타났다. 그 너머로 애타게 찾아 헤매던 에베레스트 꼭대기도 슬그머니 올라와 있어 모두들 환호성을 지른다. 랜턴에 의지한 채 계속 능선길을 따라 조심조심 올라간다. 다행히 고산증세는 없지만 오르막길이 끝이 없이 이어져 숨이 가빠 온다. 이미 대열은 흩어졌고 수많은 등산객과 뒤섞여져 각자 올라가는 모양이 되었다.

종반부쯤에 마의 너덜길이 나온다. 커다란 암석들로 이루어진 바윗길로 300~400m쯤 이어지는데 무척 위험해 보였다. 자칫 미끄러지면 골절이나 벨 가능성이 높은 위험한 지대인데 바위들이 날카로워 스틱도 사용이 마땅치 않은 길이다. 해 뜨기 전 도착해야 한다고 마음은 급해지는데 길은 갈수록 험해져 부담을 주는 것이다. 신경 써서 걷다 보니 숨은 턱까지 차오르고 심장도 터질 것 같은 고통이 밀려오지만, 멈출 수는 없다. 시간과 너덜길과 싸우면서 가까스로 일출 시간과 비슷하게 정상에 올라섰다.

사방은 트여있고 햇빛을 받은 설산들은 빛의 각도에 따라 현란하

갈라파타르에서 바라본 설산

게 빛의 파노라마를 펼치고 있다. 정면에서 에베레스트의 삼각형 정상부가 황금빛 구름을 배경으로 신비하게 다가오고 있고, 주변을 둘러싸고 있는 6,000m가 넘는 암봉들도 모두 햇빛을 받아 찬란한 황금색으로 변색이 되는데, 또 한쪽에서는 눈이 부실 정도로 새하얀 설산의 본색을 드러내고 있다. 갈라파타르 바로 밑에 있는 에메랄드빛 작은 호수에는 암봉들의 잔영이 살짝 내비치고 있다.

노랗게 물드는 에베레스트의 환상적인 모습

갈라파타르에 올라 에베레스트의 일출을 바라보다

깊은 산속 최고의 전망대에서 히말라야 최고의 광경 중 한 장면이 펼쳐지고 있는 것이다. 또 하나의 인생 이정표를 찍는 감동에 휩싸인다. 두 팔을 벌려 히말라야 암봉들을 감싸안아 본다. 세상 모든 것이 내 품 안에 들어오는 듯한 충만함을 느낀다. 행복하다. 그리고 황홀하다. 11명 중에서도 정상에 오른 사람은 5명에 불과했다. 모두 암벽 너덜길에서 하산해 버린 것이다.

내려오는 길도 부담스럽기는 마찬가지였다. 너덜 바윗길을 피하기 위해 부담스럽지만 길 바깥쪽 눈 위를 미끄러지듯 내려와서 롯

갈라파타르 밑 호숫가에서 바라다보이는 에베레스트

지로 돌아왔다. 늦은 아침식사와 커피 한 잔으로 몸을 녹인 뒤 하산길에 나선다.

흥분의 여운을 간직한 채 13km 하산길에 나섰다. 고도도 이곳 5,140m에서 4,240m까지 900m를 끌어내린다. 길은 길고 지루하지만 모두들 홀가분하고 즐거운 표정들이다. 기다란 능선길을 지난 후 널따란 냇가 옆길을 걷고 걸어서 오후 4시 반 페리체에 도착하였다. 만보계를 보니 34,000보를 가리킨다.

길고 긴 하루의 여정이 끝났다. 저지대 롯지 탓인지 어제보다도 훨씬 깨끗하고 아늑한 숙소가 나를 반긴다. 오늘 밤은 정말 편한 꿀잠을 잘 것 같다. 모든 것이 홀가분한 밤이다.

12~14일차

하산&Finale

　EBC와 갈라파타르 등정을 마치고 하산길에 나섰다. 고라셉 5,140m에서 루크라2,840m까지 50여 km를 3일간에 걸쳐 하루 10시간을 걸어서 마무리하였다. 9일간의 강행군으로 몸은 파김치가 되었지만 하산길의 표정들은 밝기만 하였다. EBC 등정에 성공하고 고향으로 향하는데 더 기쁠 게 있을까!

　더 이상의 변수가 없고, 무사히 끝나가나 했는데, 마지막에 커다란 암초가 기다리고 있었다. 14일차 새벽 5시에 일어나 밖을 나가보니 사방이 구름 천지로 한 치 앞이 안 보인다. 경비행기기 뜰 수 없는 상황에 부딪친 거였다. 모두들 샌드위치로 아침을 때우고 촉각을 곤두서고 기다리는데 공식적으로 비행기가 결항되고 있다는 소식이 들려온다. 오늘 루크라를 떠나지 못하면 내일 인천행 비행기를 탈 수 없는 심각한 상황인데, 대안은 헬기밖에 없었다. 헬기는 반경 2km의 시야만 확보하면 뜰 수 있기 때문에 급하게 헬리콥

허허벌판의 임시 헬기장

터를 수배하기로 했다.

  1시간여를 수배하다가 겨우 잡았는데 행선지가 카트만두가 아니고 라메찹이란다. 거기서 다시 버스를 타고 7시간을 또 달려야 하는데 달리 방법은 없다. 가격도 인당 400달러인데 이 상황에서 가격을 고민하는 것은 사치일 뿐이다. 우리뿐만 아니라 수백 명 아니 몇 명인지도 모르는 수많은 등산객이 히말라야 산속에서 발이 묶여 있는 상황인데 유불리를 따질 입장이 아닌 게 확실해진 거다.

비행기가 결항되어 어렵게 수배한 헬기를 타고 라메찹으로

 헬리콥터를 타는 절차가 너저분하다. 1시간을 넘게 헬기장에서 기다리고 있었는데 40여 분을 걸어 임시 헬기장으로 걸어오라고 한다. 추측건대, 정식 장소인 힐러리 헬기장에 내야 하는 비행장 사용료를 아끼려고 하는 것은 아닌지 싶다. 따질 상황이 아니기 때문에 헉헉거리며 뛰다시피 하면서 산속 허허벌판 임시 헬기장에 도착하니 또다시 기다리란다. 영문도 모른 채 애타게 30여 분을 기다린 뒤에서야 헬기를 타고 라메찹에 도착할 수 있었다.

 루크라를 벗어나는 것이 이렇게 힘들 줄이야. 그야말로 히말라야의 엑소더스였다. 라메찹에서 오후 3시에 버스를 타고 출발하여 캄캄해진 밤 10시 반에 카트만두에 도착하였다. 파란만장한 2주간의 EBC 트레킹 대장정이 마무리된 것이나.

 EBC 트레킹은 결코 일반인이 가볍게 접근할 수 있는 곳이 아니었다. 고도 4,000m가 넘는 롯지에는 세면장도 없고 푸세식 공동 화장실만이 있는데, 샤워는커녕 세안도 물티슈로 가볍게 얼굴만 닦으면서 며칠간을 견뎌야

루크라 산장 식당에서 태극기를 달고

한다. 태양열을 사용하는 전기도 부족해 늦은 밤에만 어두침침한 불이 들어오고 배터리 충전도 제한적이고 와이파이도 잘 터지지 않는다.

진정 힘든 부분은 고산증세와 힘겨운 산행이었다. 고도 3,000m 가 넘어서면서부터 두통과 소화불량이 나타났다. 5,100m 롯지 앞에서 EBC 등정을 앞두고 두통을 극복하지 못한 2명이 헬기로 철수했다. EBC 등정 후에도 장염과 탈진으로 3명이 역시 헬기로 철수하였으니 상황의 고통이 어떠했는지 충분히 미루어 짐작할 수가 있을 것이다.

일행 중 한 분은 누우면 두통이 와 하룻밤을 앉아서 세운 분이 있는가 하면 피로가 쌓여 입술이 시커멓게 부르튼 분도 나왔다. 여러 명이 감기에 걸렸는데, 끝날 때까지 기침이 계속되었던 분도 있었고 목감기로 말을 못한 분도 나왔다. 나도 하산 시점에서 아랫배에 통증이 와 신경이 쓰였는데 역시 고산증세의 일부라 한다. 입술도 말라버려 아무리 립밤을 발라도 회복이 안 되어 고통스러웠다.

순박한 모습에 수줍은 미소가 매력적인 네팔 청년 바도르

천하의 네팔 가이드도 무거운 배낭 탓인지 다리에 부상이 생겨서 절뚝거렸다. 그것도 모르고 어두워지기 전에 도착해야 된다고 몰아세웠었는데 이제서야 후회가 밀려온다. 수줍은 웃음에 오히려 미안해하는 가이드의 모습이 자꾸만 떠오른다. 왜 다그쳤을까 아린 아픔이 자꾸만 가슴을 파고든다.

무거운 등짐 속의 동물들도 바라보기가 민망하였다. 오다가다 바위에 부딪쳤는지 한쪽 뿔이 없는 소들도 많았고, 위험한 낭떠러지 길에서 주저하는 야크들을 매서운 회초리로 몰아세우는 잔인함에 전율이 돌기도 하였다. 컨디션이 안 좋은지 무거운 등짐을 진 말이 굵은 눈물을 펑펑 흘리며 지나가는 걸 보고 있으려니 트레킹이 동물을 학대하는 건 아닌지 부담감에 회의가 들기도 하였다.

무거운 등짐을 나르고 있는 말 무리

그러나 긴 여정 끝에 히말라야의 진면목인 설산의 파노라마를 마주한 순간, 그동안의 불편하고 힘들었던 모든 감정이 눈 녹듯이 사라져버렸다. 자연은 거대하고 화려했다. 다양한 햇빛의 각도와 시시각각 변화하는 구름 속에 히말라야 암봉들은 천변만화의 변화를 보여주고 있었다. 살아생전에 처음 접하는 천상의 모습에 말문이 막히고 넋을 놓았다. 마치 화이트아웃처럼 모든 것이 사라지고 화

하산길에 롯지에서 잠시 오침을

려한 대자연의 변화만이 영화처럼 전개되고 있는 듯했다.

　내일이면 비행기를 타고 일상의 서울로 돌아간다. 짧은 2주간이었지만 시대를 거스르는 듯한 불편함과 고통도 겪었고, 다시 보기 힘든 대자연의 화려함도 목도했으니 생활의 변화가 생기지 않겠는가?

　그저 생각 없이 누렸던 일상생활의 패턴들이 얼마나 감사하고 축복받은 일이었는지…. 매사가 겸손해지고 감사하는 마음속에 살아갈 것 같은 느낌인데, 부디 이런 느낌이 오래오래 지속되기를 바라는 마음이다. 화려한 대자연의 풍광을 바라보면서 풍성해진 감성은 매 순간 나의 마음을 윤택하고 풍요롭게 해 줄 것이다. 부디 오래오래 간직되기를 바라고 또 바란다.

트레킹 기간 중에도 SNS를 통해 지인들에게 자랑을 늘어놓았다. 아마 귀국 후에도 만나는 술자리마다 무용담을 폭포수처럼 꺼내 놓으며 자랑을 할 것이다. 부디 적당한 시기에는 어린 마음이 그쳐지기를 바랄 뿐이다.

어쩌면 어려운 도전을 성공한 후의 허전함으로 심적 공허감이 생길지도 모른다. 그때는 다시 사진을 꺼내들 것이고, 유튜브에서 EBC를 찾아다니며 허전함을 달래지 않겠나 싶다. 이 모든 것이 시들해질 때쯤이면 또다시 새로운 코스를 찾겠지….

그러나 지금은 당장 눈앞에서 아른거리는 설산의 파노라마에 마음이 복받칠 뿐이다. 황금색 구름 위로 떠 있는 하얀 에베레스트 암봉이 영화처럼 다가오는데…. 짙푸른 하늘 아래 눈이 부실 정도로 빛나는 설산의 파노라마가 머릿속에 각인되어 사라지질 않는다.

순박한 모습에 수줍은 미소가 매력적인 네팔 청년 바도르는 왜 자꾸만 떠오르는지…. 두고두고 내 마음을 따뜻하게 적셔 줄, 잊혀질 수 없는 히말라야의 잔상들이다.

I love Himalaya!

Goodbye Nepal!

PART 4
키나발루산 등정

구름이 걷힌 청명한 산꼭대기에
산장이 작지만 선명하게 모습을 드러낸다.

로우봉 정상(4,095m)

라반라타 산장(3,273m)

팀폰게이트(1,866m) 키나발루 공원본부(1,564m)

1일차

동남아 최고봉 키나발루산을 향하여

작년 어깨 부상으로 미뤄놨던 키나발루산 등정에 나서는 날이다. 키나발루산은 보르네오섬 말레이시아령에 위치한 동남아 최고 높이 4,095m의 산으로, 바위로 이루어진 산 정상부의 독특한 모습으로 많은 산악인의 사랑을 받고 있는 산이다. 1박 2일 코스로 산장에서 하루를 숙박해야 하는데 예약이 쉽지 않아 대부분 여행사를 통한 패키지로 일정을 꾸민다.

단순해 보여도 이틀간에 2,200m 고도를 올려야 하는 등정이 결코 만만치 않은 모습이다. 술좌석에서 의기투합된 조선일보 정병선 기자와 같이 등정에 나섰다. 정병선 기자는 히말라야를 비롯해 유라시아 대륙 전역을 누비며 수십 년간 체육 전문 취재에 매진해 온 베테랑 언론인으로, 대한스키협회장 시절 친분을 쌓았다.

밤늦은 시각 10시 반에 코타키나발루공항에 내리니 다시 2시간을 차로 이동하여야 한단다. 간간히 불빛들이 보이는 어두운 밤길을 달려 산 밑 숙소에 도착하니 고도 1,500m를 가리킨다. 적도부근의 열대지방이어서 높은 고도임에도 불구하고 날씨는 선선한데 밤하늘엔 별이 쏟아진다. 이번 트레킹도 즐겁고 신날 것 같은 좋은 예감 속에 편안한 마음으로 숙소로 향했다.

  호텔에서 샤워를 마치고 내일 아침 서두르지 않기 위하여 미리 짐을 분리하기로 했다. 캐리어는 차에 놔두고 1박 2일용 배낭만 꾸리어 올라가야 한다. 기온이 2도에서 20도까지 변하기 때문에 봄 여름~초겨울 옷까지 전부 준비해야 한단다. 특히 매일 스콜이 쏟아지기 때문에 우산, 우비도 필요하고 새벽등반이 있어서 헤드랜턴까지 준비해야 한다.

  생수와 도시락 공간을 비워놓으니 35L 배낭이 꽉 채워져 DSLR 카메라가 들어갈 곳이 없다. 매번 만나는 고민거리이다. 어떡해야 하나? 큰 카메라를 포기할까? 어렵게 가져 왔는데…. 시계가 새벽 2시를 가리킨다. 내일 아침에 고민해야겠다.

2일차

고도 3,273m인 라반라타 산장으로

　아침 6시에 눈을 뜨니 동녘이 밝아온다. 이곳 파카사Perkasa 호텔은 해발 1,500m에 위치해 있는데 8층 창문을 여니 깨끗한 공기, 선선한 바람에 절로 심호흡이 이뤄진다. 깊은 산속 고지대의 상쾌한 아침 햇살이 눈부시다. 창문 너머로는 파노라마로 키나발루산 전경이 펼쳐지는데, 절벽 위로 솟아있는 호텔 앞마당 정원에는 이미 많은 사람들이 나와 아침햇살에 반짝이는 키나발루산을 즐기고 있다.

　구름이 걷힌 청명한 산꼭대기에 산장이 작지만 선명하게 모습을 드러낸다. 오늘 올라갈 목표 지점이다. 급한 경사에 날아갈 듯한 산장의 모습이 부담스럽기 그지없지만 지금 당장은 멋진 경관에 모두들 환호성을 지른다.

　고도 1,866m까지 차로 이동한 후 3,273m까지 1,400m를 올라가야 하는 부담스러운 일정이다.

파카사 호텔에서 바라본 키나발루산 일출

　짐은 네 가지로 분류했다. 호텔에 맡길 캐리어, 산에 올라갈 배낭, 내일 비 올 것에 대비하여 차 안에 보관하고 갈아입을 여벌 옷, 그리고 작은 배낭에 넣지 못해 포터에게 맡길 큰 카메라 박스 등 네 가지이다. 큰 카메라가 배낭에 들어가지 않아 포기할까 했는데 포터의 짐이 여유가 있다 하여 맡기로 했다. kg당 5달러이다.

　올라가는 절차도 복잡하다. 입산 허가서를 받는데 20여 분이 걸린다. 산장 숙박, 식사, 입산허가를 합하여 1인당 60만 원을 내야 한단다. 더하여 등산객 5명당 1명씩 의무가이드 인당 25만 원가 붙는다. 등산객 수를 통제하기 위한 수단이라 하는데 아무래도 과도한 돈 장사가 아닌가 싶다. 코로나 이후 가격이 급등했다고 한다. 내국인은 훨씬 저렴하다고 하는데, 등산객 대부분이 현지 내국인 얼굴이다. 과도한 입장료 탓도 있겠지만 1박 2일의 난이도 높은 등정 프로그램 외에는 다른 관광 상품이 없는 이유도 있을 것이다. 서양인이 거의 보이지 않는다.

산은 초입부터 가파르게 올라간다. 큰 폭의 돌계단이 끝이 없이 이어진다. 모두들 당혹해하지만, 햇빛이 비치지 않는 선선한 날씨를 위안 삼아 한 걸음 한 걸음 내딛는다. 11시가 넘으니 해안가 쪽에서 덮혀진 구름들이 산 쪽으로 빠르게 올라오며 순식간에 등산로가 구름 사이로 휩싸여버린다. 그래도 길은 외줄기로 잘 다져져 있어 잃어버릴 염려도 없고 순탄한 모양새인데, 가파른 돌계단이 끝이 없이 이어지며 계속 부담을 준다.

총 7번의 휴게 장소가 있다는데 6km의 거리를 1km마다 나누어서 휴게소가 설치되어 있단다. 화장실도 있고 쓰레기통도 설치되어 있어 그나마 마음의 안정을 준다. 고도는 높지만 적도지역으로 야자수 같은 열대 식물들이 피져 있는데 꽃들이 잘 보이지 않는다. 드문드문 영롱한 새소리가 울려 퍼져 힘든 산행을 위로해 주는 정도이다.

키나발루 암봉들이 구름 사이를 넘나드는 멋진 그림이

   3시간쯤 지나 5번째 휴게소인 점심 장소에 도착하니 비로소 구름 덮인 산 아래 풍광이 나타나고 위쪽으로 키나발루 암봉들이 구름 사이를 넘나드는 멋진 그림이 연출된다. 시간이 지나며 고도가 올라가자 경치는 점점 더 화려해지는데, 발걸음은 더욱더 짧아지고 호흡은 거칠어진다. 9명인 일행은 이미 간격이 벌어져 각자 홀로 산행을 하고 있는 모습이다. 고도 3,000m를 넘어서니 고산증세를 호소하는 일행들이 나타난다. 결국 한 분이 점심식사 장소에서 등정을 포기하고 하산하였다. 아무리 준비를 철저히 해도 그날의 컨디션을 완벽히 통제할 순 없나 보다.

   오후 3시가 되어서야 라반라타 산장에 도착하였는데 모두들 아픈 다리를 주무르며 안도의 한숨을 내쉰다. 이미 많은 등산객이 산장 안에서 여장을 풀고 있다. 배정받은 방은 15명이 투숙할 수 있는 대형 도미토리인데, 비교적 깨끗한 모습이어서 맘을 편하게 해준다. 깊은 산속이어서 전기 공급이 여의치 않아 시간제로 운영한다 하는데 배터리 충전이 안 된다. 방법이 없다. 휴대폰 모드를 비행기 모드로 변환한 후 아껴가며 사진 촬영과 일기만 쓰기로 했다.

   산장 레스토랑 밖 테라스에 사람들이 웅성거린다. 높다란 키나발루산 아래로 장대한 평원과 우림이 펼쳐져야 하는데 온통 구름으로 뒤덮여 환상적인 흰 구름의 파노라마가 펼쳐지고 있다. 구름은 시시각각으로 다양한 모습들을 연출하는데 시간이 지나면서 해

라반라타 산장 아래의 운무

가 기울자 노란 황금색으로 물들기 시작한다. 모두들 테라스에서 인생샷을 찍는다고 줄을 선다. 어디에서도 보기 힘들 것 같은 화려한 석양의 구름 잔치이다.

　내일은 새벽 1시에 일어나 새벽 산행을 준비해야 한다. 멋진 모습에 발길이 떨어지지 않지만 더 지체하면 욕심이고 내일 홍역을 치를 게 자명하다. 억지로 잠자리에 든다. 잠이 오려나….

3일차
키나발루산 정상 로우피크에

　일출 산행 때문에 새벽 1시 기상을 위하여 일찍 잠자리에 들었다. 고도 3,273m의 숙소에서 숙면을 취하려면 특히 조심해야 하는데, 뜻밖에도 난방설비가 없다. 열대지방이라 춥지 않을 줄 알고 대비를 안 했는데 방 안에 한기가 가득하다. 궁여지책으로 경량패

로우피크 정상

딩과 등산바지를 껴입고 잠자리에 들었는데도 냉기가 몸을 파고든다. 밤새 뒤척이다가 1시에 눈을 뜨니 전혀 잠을 자지 않은 느낌이다. 오늘 코스는 새벽 2시 반에 3km 거리로 고도 800m를 올려 4,095m 정상 등정 후 9km 거리에 고도 2,200m를 내려가는 무식한(?) 일정인데 안타깝게도 컨디션 조절에 실패한 것이다.

컨디션 조절에 실패한 채 등정을

식당 정원 150명이 꽉 찬 상태에서 밤참 식사를 마친 후 모두들 등산로 입구로 향했다. 칠흑 같은 어둠 속에 밤하늘에 별들이 반짝이고 서늘한 날씨가 등산에 최적인 듯 느껴진다. 모두들 상기된 표정으로 걸음을 내딛는데 나만 심기가 불편한 것 같아 속이 상한다.

등산로는 초입부터 가파르게 치고 올라가는데, 우려했던 대로 발걸음을 내딛는 순간부터 머리가 혼미하고 다리에 힘이 빠진다. 한밤중에 헤드랜턴을 장착하고 3km 거리에 800m 고도를 올리는 코스이니 정상 컨디션에도 부담스러운 상황인데…. 이곳은 고산지대로, 적어도 3시간 이상을 올라가야 하는데 정신이 아득해진다. 식은땀을 흘리며 가다서기를 반복하는 외에 방법이 없다.

1시간쯤 지나 산등성이에 들어서니 엎친 데 덮친 격으로 세찬 바람이 온몸을 때린다. 열대지방이라 고도가 높아도 기온이 낮지 않다는 잘못된 정보로 경량패딩과 여름용 윈도우재킷만 준비한 것도 화근이 되었다. 직립이 어려울 정도의 세찬 바람에 온몸이 얼음장처럼 차가워진다. 그나마 등 뒤에서 바람이 불어와 다리에 힘을 주며 버텨보는데 추위는 불가항력이다.

그야말로 진퇴양난이고 정신이 혼미해진다. 어떻게든 등정은 시도해야 된다는 다짐 속에 오르다 보니 휴식이 잦아지지만 그나마 앞으로 전진하고 있다는 생각에 안도를 하는 정도이다. 다행스럽게도 7부 능선쯤을 넘어서니 컨디션이 회복되는 기미가 보인다. 상황이 안 좋아도 한 순배 땀을 흘리고 나면 몸이 회복되는 순리인가 보다.

밧줄에 의지하여 가파른 경사면을 오르는 최대 난코스를 지나니 드디어 널따란 암반 평원과 유명한 사우스피크 삼각봉우리가 어둠 속에서나마 희미하게 모습을 드러낸다. 키나발루산의 정상 로우피크는 거대한 돌덩어리인데 마지막 100m를 오르는 부분이 날카로운 암석조각들로 이루어져 끝까지 긴장을 놓치지 않게 한다. 천신만고 끝에 정상에 다다라 기념 인증사진을 찍고 나니 비로소 마음이 진정이 되고 주변 경관이 눈에 들어온다.

기대했던 것처럼 아침이 되니 정상부에는 구름이 다 사라지고 키나발루산 전경이 손에 잡힐 듯 눈앞에 전개된다. 사방 산 아래로 하얀 구름이 펼쳐져 있는데 커다란 암벽돌산이 360도 기기묘묘한 모습으로 펼쳐진다. 동쪽으로 해가 올라오며 황금색 구름을 배경으로 암봉들의 실루엣이 비현실적인 모습으로 펼쳐지는데 반대쪽은 황금색으로 치장하기 시작한다.

잊을 수 없는 키나발루 파노라마…

그 어디에서도 흉내 낼 수 없는 독특한 돌산들의 모습에 괴로웠던 과정들도 잊은 채 연신 셔터를 눌러댄다. 특이하게도 주봉 아래에 크기를 가늠할 수 없는 암반 평원이 펼쳐져 있는데, 기왓장처럼 조각조각 이어져 있다. 날카로운 암봉들도 있지만 부드러운 포물선을 그리는 암봉들의 독특한 풍광도 시선을 사로잡고 있다. 그 유명한 고릴라 바위성요한봉도 햇빛으로 치장을 하고 환한 모습을 드러낸다.

구름 위의 사우스피크

구름 위의 성요한봉

로우피크에서 바라본 키나발루 암봉들

해가 완전히 솟아 일출의 신비로움이 사라질 무렵 하산을 하였다. 경이로운 모습에 감동된 탓인지, 아니면 시간이 흘러 치유가 된 것인지 언제 고통스러웠냐는 듯이 하산 때는 편안한 마음으로 주변 경관을 만끽하며 내려왔다.

나이가 들어갈수록 체력은 떨어지는데 자만심만 늘어나 종종 실수를 한다. 아무리 쉬운 코스라도 좀 더 확실한 준비와 사전조사를 해야겠다고 다짐을 해보지만 지켜질지….

짧은 일정이었지만 등정의 기쁨 속에 코타키나발루 시내 한식집에서 삼겹살 파티가 벌어진다. 거리는 매일 발생하는 스콜로 한결 깨끗하고 정갈해 보인다. 회교국이라 술값이 비싸다는데 그냥 지나칠 수는 없다. 소주가 곁들여지는 풍성한 파티가 벌어진다. 멤버들 이름도 모르고 출신도 모르지만 키나발루산을 놓고 신나는 대화가 무한리필 전개된다. 나의 버킷리스트에 또 한 줄이 그어지는 행복한 밤이다.

PART 5
카자흐스탄 톈산산맥

순간 수많은 생각이 오갔지만 언제 이곳 텐산을 다시
올 수 있을까 하는 미련이 남아 계속 오르기로 결정하였다.

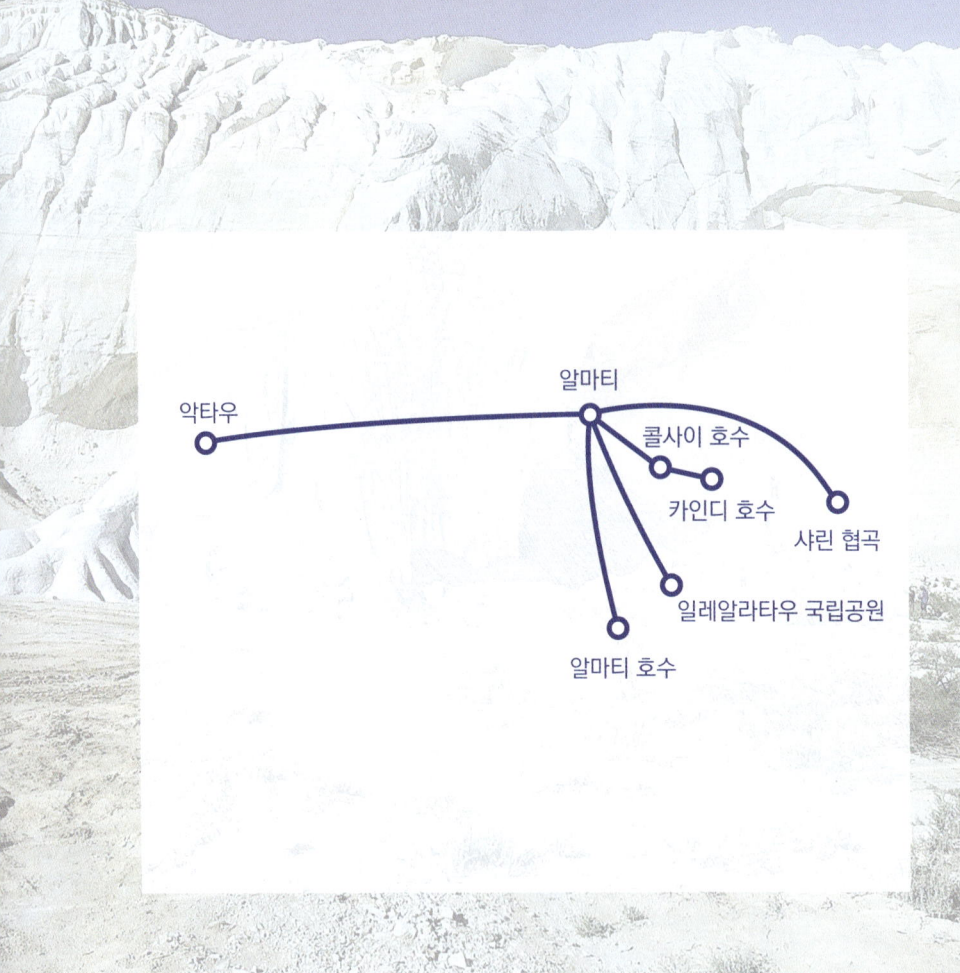

1일차

카자흐스탄 알마티로

　오늘은 버킷리스트에 올려놓고 오랫동안 기다려왔던 중앙아시아 톈산산맥으로 향하는 날이다. 새벽부터 일어나 부산하게 짐을 꾸리고 인천공항으로 향했다. 5일 연휴 기간이라 붐빌 것을 각오하고 공항에 내렸는데 의외로 한산한 모습에 여유가 생긴다. 연휴 중간시점이라 사람이 흩어져 버렸지 않나 싶다.

　빠른 출국 수속으로 시간 여유가 생겨 유료 라운지를 찾았는데, 의외로 만석이 되어 긴 대기행렬이 이루어지고 있다. 카드회사들의 판촉프로그램으로 라운지 사용이 대중화된 듯한데, 나라가 부유해지니 사람들의 씀씀이도 커진 것 같다. 해외 여행객이 늘어도 면세점은 갈수록 인기가 시들어져 한산한데, 라운지는 북적이며 활황이다. 비즈니스의 명암이 교차되는데 예측하는 경영자들이 있었을까?

　금번 일정은 카자흐스탄에서 시작하는 11일간의 톈산산맥 트레킹 패키지 외에 기간을 연장하여 우즈베키스탄을 7일간 돌아보는 18일간의 장기 일정이다.

새 비행기인 듯 깨끗이 단장을 한 에어아스타나항공(카자흐스탄 국적기)에 탑승을 했다. 7시간을 타고 가야하는데 생각보다 비좁은 좌석이 부담스러워 불만이 생기나 했는데, 의외로 좌석마다 서비스 꾸러미가 놓여있어 불편한 마음을 상쇄시킨다. 안대, 칫솔, 귀마개, 양말 등 비즈니스 좌석에서나 나오는 물품들을 정성스레 포장하여 좌석 위에 비치해 놓았다. 의외의 풍성한 서비스가 마음을 여유롭게 해준다.

곧바로 식사 전 음료 서빙이 이루어져 와인을 요청하니 컵에 가득 따라주는데, 스낵안주도 푸짐한 봉투에 한가득이다. 게다가 계속 통로를 오가며 음료서빙을 무한 반복해 주니 미소가 절로 나온다.

한 가지가 마음에 들면 모든 것이 이뻐보이는지, 영화를 뒤적이다 보니 놀랍게도 한국어 더빙이 되어있는 영화가 한두 편이 아니다. 인건비가 싼 나라여서 통역비도 저렴한가?···. 중국어, 일본어보다도 훨씬 많은 한국어 더빙판이 제공되고 있으니 어안이 벙벙해진다. 이해 못 할(?) 풍성한 서비스에 지루할 수밖에 없는 7시간 비행이 그저 즐거워진다.

알마티공항에 도착하니 현지 시각 오후 2시 반을 가리키는데, 한국과는 4시간의 시차가 발생하고 있다. 카자흐스탄 제1의 도시 공항인데도 규모도 작고 시설도 초라하기 그지없다. 내리는 비행기도 없는지 우리 비행기 승객만이 입국 절차를 밟고 있다. 사람이 적은 탓인지 자국민, 외국인 구분 없이 동시에 수속을 밟는다. 수속 시간은 짧았지만 역시 짐을 찾는 데는 30분 이상의 시간이 걸린다.

공항을 나오니 멀리 구름 위로 톈산산맥의 설산이 보인다. 앞으로 10일간 저 산 주위를 돌며 자연 속을 들여다볼 생각을 하니 새삼 맘이 설레어온다. 버스 차창 밖의 거리 풍경은 깨끗하고 정갈한 모습이다. 간판들은 주로 러시아어와 영어가 병행 표기되어 있어 과거 이곳이 소련 영토였음을 암시해 주고 있다. 화려하지는 않지만 곳곳에 펼쳐져 있는 가로수와 깨끗하게 정돈되어 있는 거리가 기품이 있어 보인다.

30여 분을 지나 호텔에 도착하니 웰컴티로 큰 컵에 포도주스가 한가득 나오고 사과가 가득 들어있는 바구니가 손님을 맞이한다. 땅덩이가 넓어 그런지 모든 게 풍성하다. 앙증맞은 사이즈의 사과가 설탕 맛이어서 자꾸만 손이 간다.

케이블카를 타고 알마티의 남산 콕토베 언덕으로

여장을 푼 뒤 시내 중심가에서 저녁식사를 마치고 케이블카로 콕토베Kok Tobe 언덕을 올라갔다. 서울 남산 같은 이미지의 언덕에 올라서니 알마티 시내가 한눈에 들어온다. 이곳은 크고 작은 지진이 연간 400회에 이를 정도로 잦아서 고층빌딩을 세울 수 없다고 한다. 도시는 넓은 땅에 낮게 펼쳐져 있는데, 화려한 야경의 모습은

콕토베 케이블카 승강장

아니었다. 1997년까지 수도였다가 아스타나로 수도가 이전되었다는데 여전히 금융시장의 중심지로 인구가 많아 미국의 뉴욕 같은 이미지의 도시가 되었다고 한다.

  주말이라 그런지 사람들이 가득한데 대관람차를 중심으로 식당들과 여러 놀이시설이 손님들을 맞이하고 있고, 산 위 높다란 전망타워에는 미디어 동영상이 펼쳐지고 있는 화려한 모습이다. 동서양의 모든 인종을 모아놓은 듯 다양한데, 한결같이 편안하고 부드러운 표정들이다. 치안도 좋아 밤늦도록 돌아다녀도 문제가 없다고 하니 여행자들의 표정도 즐겁지 않나 싶다. 서늘한 밤바람 속에 알마티 야경을 둘러본 뒤 숙소로 돌아왔다.

  카자흐스탄은 한반도의 12배 면적에 2천백만의 인구가 거주한다는데 이곳 알마티에는 250만 명이 거주하고 있다고 한다. 국민소득은 인당 15,000달러 정도여서 중앙아시아에서 부유한 편인데다 땅이 넓고 먹거리가 풍부하니 사람들이 여유가 있는 듯하다. 때 묻지 않은 톈산산맥의 대자연을 돌아볼 설레는 마음을 가득 안고 중앙아시아에서의 첫날 밤을 맞이한다.

2일차

알마티에서 첫 번째 트레킹, 톈산산맥 삼형제봉을 오르며

　새벽에 일어나 EB카드 대표였던 이근재 전 대표와 시내 산책을 나갔다. 어젯밤 어렴풋이 보았던 시내 전경이 아침햇살 속에 확연하게 모습을 드러낸다. 넓은 국토 탓인지 도로는 대부분 4차선 장방형으로 시원스레 펼쳐져 있다. 거리는 쓰레기 하나 없이 깨끗한데, 곳곳에 높다란 가로수들이 하늘을 덮고 있는 싱그러운 모습이다. 몇 사거리를 걷는가 했는데 갑자기 눈앞에 시원한 톈산산맥의 설산 파노라마가 펼쳐진다. 알마티 도시는 톈산산맥 설산 바로 아래 위치해 있었는데, 3,000m를 넘어서는 암봉들이 도시 전체를 감싸면서 마치 설산 사이에 떠있는 듯한 하늘도시의 모습을 연출하고 있는 것이다. 어디에서도 흉내 낼 수 없는 환상의 풍광이다.
　느긋하게 아침을 먹고 트레킹을 가기 위해 버스에 올랐다. 이곳 호텔에서 30여 분 거리에 있는 일레알라타우 국립공원으로 향한

톈산산맥 아래의 알마티 전경

다. 설산의 전망 뷰가 좋아 최고의 부촌이 되었다는 지역을 가로지르며 도심을 빠져나가는데 이번 트레킹을 안내할 가이드가 자기소개를 한다. 영어, 스페인어, 일본어, 러시아어에 능통한 가이드가 "안녕하세요"라고 한국말로 인사를 한다. 요즘 한류 열풍이 불어 지난주부터 한국어를 공부하기 시작했단다. 고려인이 광산업으로 돈을 벌어 카자흐스탄 최고의 부자가 되었고, K-POP 열풍이 불어 이를 본 딴 Q-POP(?)의 분위기가 고조되고 있으며, 작년에 진출한 CU편의점이 벌써 40개를 돌파하면서 한류 분위기를 띄어준다.

3명만이 고도 2,853m 삼형제봉을 향하여

30여 분을 지나 일레알라타우 국립공원 입구에 들어서니 멀리 설산 아래로 싱그러운 연초록 신록들이 매력적인 모습으로 다가온다. 오늘의 코스는 이곳 해발 1,640m에서 시작하여 1차 목적지로 2,230m 콕자일라우Kok Jailau 평원에 도착하여 점심을 한 뒤, 신청자 중심으로 다시 팀을 구성하여 최종 목적지인 2,853m 삼형제봉까지 등정을 시도한다는 일정이란다. 고도차 1,200m에 8km 거리인 만만찮은 일정이 모두의 마음에 부담을 준다.

우선은 1차 목적지인 콕자일라우 평원까지 고도 600m에 5.5km를 걸어야 하는데 초입부터 가파른 고갯길이 시작된다. 연속되는 급경사에 기가 질리는데, 그래도 부드러운 흙길에 고갯마루마다 벤치 등 휴게시설이 구비되어 있어 한숨을 돌리고 흐른 땀을 씻어 줄 여유를 준다. 길옆으로는 커다란 아름드리 자작나무숲이 운치있게 펼쳐져 있는데, 사이사이로 새하얀 설산들이 모습을 드러내고 있다. 휴일이어서인지 많은 젊은 친구들이 트레킹을 즐기고 있는데, 표정들도 밝고 한국인이라 하니 친근한 표정으로 "안녕하세요"를 외쳐댄다.

1시간여를 씨름하듯 헐떡이며 고갯마루에 올라서니 비로소 화려한 설산의 파노라마가 시원스레 펼쳐진다. 아직 이른 계절 탓인지 들꽃들의 모습은 빈약해 보이는데 180도로 펼쳐지는 설산의 모습에 모두들 감탄사를 연발하며 걸음을 멈추고 사진들을 찍어댄다.

중앙아시아의 스위스로 불린다는 풍경인데, 광활한 대자연의 풍광은 오히려 스위스를 능가하지 않나 싶다.

이곳부터는 높낮이가 없이 산허리를 감아 도는 평이한 길이 전개되는데, 거대한 설산의 풍광을 바라보며 걷는 느낌이 마치 구름 위를 걷는 듯 몽환적이다. 2시간여를 걸어 콕자일라우 평원에 도착하니 이미 수많은 사람들이 넓은 평원 아래 자리하고 휴일의 여유를 즐기고 있었다.

이곳저곳에 삼각지붕 쉼터가 설치되어 있고 한쪽에서는 젊은 친구들이 대형 그네를 타고 있는 모습들도 보이는데, 해발 2,230m 깊은 산속에서 그네라니 전혀 예상치 못한 모습이었다. 통제가 없는지 여러 텐트도 보이는 평화로운 풍경들이다. 어렵게 그늘쉼터

고도 2,230m에 위치한 콕자일라우 평원

2,853m에 위치한 삼형제봉의 이정표

를 확보하고 샌드위치 도시락파티를 한다. 따사로운 햇빛 아래 설산을 바라보며 먹는 샌드위치가 비교할 수 없는 꿀맛이다.

　일찍 도착한 탓에 점심 후 곧바로 첫 번째 조 3명이 가이드와 함께 삼형제봉을 오르기로 했다. 16명 중 8명쯤 신청을 한 듯한데 우선 3명이 먼저 출발을 하는 것이다. 고도 600m, 2.5km 거리로 평이한 듯하지만 이미 2시간여를 가파르게 올라온 뒤라 마음의 부담은 작지 않았다. 식사가 늦은 신청대원들은 후발로 합류하기로 하였다.

　여행사 사장이 눈이 왔다고 반드시 아이젠을 챙기라 했는데 건성 대는 성격에 또 실수를 해버렸다. 길은 완만하게 오르나 했는데

10여 분이 지나니 곧바로 가파른 산 능선을 따라 경사길이 나타나면서 절대 녹록하지 않음을 보여준다. 이미 마음을 단단히 먹은 터라 차근차근 묵묵히 올라가는데, 머리띠를 하고 스카프를 목에 둘렀는데도 땀은 비 오듯 온몸으로 흘러내린다.

가다 쉬다를 반복하며 마지막 1km를 남겨놓는가 했는데, 우려했던 대로 따뜻한 날씨에 녹아내리고 있는 눈길을 만나고 말았다. 길은 50도를 넘어서는 가파른 모양새인데 눈이 녹고 있어 미끄럽기가 그지없다. 두 명의 동반객은 아이젠을 착용해서 그래도 나은 편인데, 가이드와 나는 아이젠이 없어 미끄러지기를 반복한다.

눈이 없는 풀밭길을 찾아보지만 가파른 경사에 미끄러지기는 매한가지이다. 정말 곤혹스러운 상황에 몰리니 자꾸만 아이젠을 준비 못 한 후회가 밀려온다. 올라가는 것도 어렵지만 내려갈 일도 걱정이다. 아이젠을 착용한 동료도 자꾸만 미끄러지는 상황이 연출되다 보니, 결국 500m를 남겨놓고 가이드가 갈지 말지를 결정해야 한다며 위험한 구간임을 강조한다.

그만 내려가고 싶은 충동에 휩싸이는데 모두 연장자인 내 얼굴을 쳐다본다. 순간 수많은 생각이 오갔지만 언제 이곳 톈산을 다시 올 수 있을까 하는 미련이 남아 계속 오르기로 결정하였다.

미끄러운 마지막 길을 네발로 기다시피 오르며 20시간 같은 2시간 만에 2,853m 삼형제봉에 도착하였다. 식은땀이 온몸에 한가득인데 일순간에 긴장이 풀어진다.

세 갈래 길 이정표가 나타나고 왼쪽 너머로 3,200m 설산 암봉이 손에 잡힐 듯 다가와 있는데, 오른쪽 발아래로는 삼형제 암봉이 솟아 있다. 눈 속에 설치되어 있는 긴 의자에 3명이 앉아서 망중한을 즐기고 있는 모습도 보인다. 가이드가 멀리 설산을 가리키며 이곳에서만 볼 수 있는 5,000m급 암봉이라고 소개를 한다. 톈산산맥의 최고봉 7,439m 포베다봉은 키르기스스탄에 있다고 한다.

아이젠도 없이 삼형제봉에서 내려오다 스틱이 부러지고

몇 컷의 인증샷을 찍고 나니 이제는 예상한 대로 내려갈 일이 걱정이다. 아이젠을 착용한 두 명은 그래도 부담이 적어 보이는데 가이드와 내가 진퇴양난이 되어버린 셈이다. 부담스럽게도 산이 급경사이고 눈밭이지만 낭떠러지가 없어서 미끄러져도 10m 이내로 멈출 거라고 위안을 삼으며 조심스럽게 하산길로 접어들었다.

아무리 조심을 해도 계속 미끄러지며 중심이 흐트러진다. 내려가는 건지 뒹굴어가는 건지 모를 정도로 하산길이 엉망이 되어버리는데 온몸에 식은땀이 흐른다. 결국 내려오다 크게 뒹굴어 스틱 하나가 부러져버리는 사고가 발생하였는데, 다행히도 몸에는 이상이 없는 것 같아 놀란 가슴을 쓸어내렸다.

한쪽 스틱을 쥐어 잡고 엎어져 네발로 기다시피 내려간다. 결국에는 아예 누워서 히프스키를 타는 아슬한 장면까지 연출하였지만, 가까스로 운 좋게도(?) 사고 없이 하산을 마무리하였다. 시계를

위험한 하산길

보니 오후 5시를 가리킨다. 아침 9시 반부터 시작한 산행이 8시간 만에 종료된 셈이다.

후미로 출발한 5명은 중간에 길을 잃어 중도 회귀하였다고 한다. 잊히지 않을 또 하나의 산행에 마침표를 찍는다.

알마티 시내로 들어가 그럴듯한 야외식당에서 풀어진 긴장 속에 만찬을 갖는다. 전통 음식 베쉬바르막, 만티에 양고기, 말고기가 나오고 현지 여행사 사장이 서비스한 보드카와 와인에 생맥주까지 곁들여지는 풍성한 식도락의 향연이 펼쳐진다. 풀어진 긴장 속에 공짜 술잔들이 돌고 도는데, 등정에 성공한 3명에게 건배사가 요청된다.

"2,853m 정상 밟아봤어? 밟아봤다!"

3일차

콜사이 국립공원 호수 길을 걸으며

　오늘은 알마티에서 버스로 4시간 거리에 있는 콜사이 국립공원으로 들어가 호수를 둘러보는 일정이다. 어제의 힘겨웠던 산행 탓인지 호숫가를 거니는 단순한 일정이 더없이 반갑다. 버스는 알마티를 벗어나 동쪽으로 향하는데, 시내를 벗어나자마자 거대한 톈산산맥의 설봉들이 기다랗게 도시를 에워쌓는 모습이 나타난다.

　도시의 빌딩들 위로 짙푸른 신록의 기다란 띠가 둘러지고 그 위로 허공에 떠있는 듯 하얀 설산의 파노라마가 펼쳐지는데, 그 길이를 가늠할 수가 없을 정도로 길어서 감탄을 자아낸다. 버스가 1시간을 달리는데도 톈산의 설봉들을 벗어날 수가 없을 정도로 장대한 모습인데, 빛이 산란되어 깨끗한 모습이 아닌 게 조금 아쉬운 심정이다. 내일 다시 알마티로 돌아오는 일정이 있는데, 그때 이 장엄한 전경을 깨끗하게 찍어볼 기회가 있을지….

　휴게소에 들러 휴식을 취하고 또 한참을 달린 뒤에서야 설산의 모습이 사라지며 광활한 평원이 나타난다. 지평선이 보이는 넓은 평원 사이로 짙은 협곡이 들락날락 나타나는데 버스는 또 그 협곡 사이사이를 가로지르며 달린다. 4시간을 달려 목적지에 가까워져 오니 드문드문 게르가 나타나고 방목하는 양 떼들의 모습도 전개되면서 중앙아시아의 대초원을 지나가고 있음을 일깨워 준다. 시시각각 변화하는 대자연의 풍광 앞에 지루할 틈이 없었던 즐거운 버스 이동이다.

오늘의 목적지 콜사이 국립공원은 1,800m 고원지대에 위치해 있었다. 톈산처럼 3,000m급 암봉들 아래로 거대한 호수가 자리해 있는데 유명 관광지인 듯 주차장에는 이미 차들이 빼곡하게 들어서 있고 수많은 인파가 북적이고 있다.

설산을 배경으로 호수 위에는 보트들이 두둥실 떠다니고

이곳에는 3개의 호수가 있다는데 오늘은 공원 초입에 있는 가장 큰 호수를 둘러본다고 한다. 호수 옆으로 잘 놓인 나무데크길을 따라 10여 분을 걸으니 높다랗게 전망 좋은 언덕 위로 오늘의 점심 장소인 식당이 나타난다. 친절하게도 숫자가 적혀있는 200여 데크 계단을 올라 식당에 도착하니 멋진 호수의 전경이 한눈에 들어온다.

3,000m 설산 아래로 짙푸른 비취색 호수가 한 장의 엽서 그림을

식당에서 바라본 콜사이 호수

콜사이 호수 둘레길을 따라 말을 타고 가는 관광객

만들면서 보는 사람을 흥분시킨다. 따사로운 햇살 속에 시원한 호수 바람은 상큼하기 그지없는데, 멀리 설산을 배경으로 호수 위에는 보트들이 두둥실 떠다니고 있다. 빠르게 달리는 동력보트가 아니고 발 페달로 움직이는 한가로운 연인 보트들이다. 그림 같은 선경에 모두들 셔터를 눌러대는데, 본업이 식당이 아니라 전망대일 것 같은 착각을 일으키게 하는 멋진 장소이다.

얼음 띄운 과일주스와 말고기 스테이크로 느긋하게 배를 채운 뒤 데크길을 따라 다시 호숫가로 내려갔다 호수를 한 바퀴 도는 데는 2시간 정도밖에 걸리지 않을 만큼 크지 않은 규모이고 깊이는 70m 정도란다. 호객행위를 하고 있는 마부들을 뒤로하고 둘레길로 접어드는데, 호숫가 맑은 물 아래로 송어 떼가 보인다. 설산의 차가운 물들이 흘러들어와 냉수 어종인 송어들의 서식에 적합한 장소가 된 것이다.

뛰어난 경관에 비하여 관광 인프라는 다소 빈약한 모습인데, 아직은 관광산업에 대한 인식이 보편화되어 있지 않다는 느낌이다. 편안한 나무데크길이 금세 없어지면서 산허리로 거칠고 좁은 샛길이 나타난다. 호숫가로 길이 나있는 게 아니고 산중턱으로 올라가는 등산로가 펼쳐지고 있는 것이다. 그것도 샛길이 너무 좁아 자칫 한눈을 팔면 미끄러질 것 같은 부담스러운 길이다.

호숫가를 도는 게 아니고 가파른 산허리를 따라 오르락내리락을 반복하며 걷는 게 부담스러운데, 그래도 산 아래로 펼쳐지는 호수의 그림 같은 경관과 설산에서 내려오는 시원한 산들바람 덕에 행복한 마음으로 트레킹을 즐긴다. 40여 분을 걸어 호숫가 상류에 도착하니 의외로 커다란 냇가를 따라 많은 물이 호수로 흘러 들어오는 모

연인들의 사진 촬영 파티

습이 보인다. 2시간의 여유로운 호숫가 트레킹을 마치고 다시 원점으로 회귀하였다.

　점심 장소와는 다르지만 역시 호수 전망이 화려한 레스토랑으로 저녁 만찬을 위해 들어서는데, 이곳이 핫플레이스인지 때마침 젊은 연인들의 프러포즈 행사가 열리고 있었다. 많은 지인이 참석한 가운데 장미로 장식한 무대 위에서 남자가 장미를 한 아름 안고 여자친구를 기다리고 있다. 히잡을 둘러쓴 여자가 만면에 미소를 띠고 들어서니 식당 안에 환호성이 울려 퍼지고 작은 불꽃쇼가 펼쳐지는데, 해프닝 수준이 아니고 약혼식 같은 공식적인 행사의 느낌이다. 환한 얼굴의 모습처럼 부디 행복한 부부의 연을 맺기를 기원해 준다.

　이번에는 짭조름한 연어 스테이크가 주메뉴로 나오면서 소주잔과 어우러져 흥을 돋운다. 짧은 트레킹에 점심, 저녁을 고기로 배만 잔뜩 불려 부담스러운 모습으로 호텔로 향하는데, 고원지대여서인지 으스스 떨릴 정도로 한기가 온몸을 파고든다.

4일차
가문비 고사목들이 수중에 박혀있는 카인디 호수로

이른 아침 야외 테라스에서 오트밀과 야채 샐러드, 계란프라이로 아침을 먹는다. 멀리 설산이 보이고 눈앞 언덕 위에는 벌써부터 양떼들이 나와 풀을 뜯고 있다. 깨끗한 공기, 살랑거리는 바람, 따사로운 햇빛이 더없이 상큼한 아침이다.

해발 2,000m에 위치한 카인디 호수로 가기 위해 깊은 산속으로 들어가는 일정으로 하루를 시작한다. 1911년 대지진으로 산사태가 일어나 협곡이 막혀 생겨난 자연호수라는데, 물에 잠긴 가문비나무들이 썩지 않고 그대로 남아있어 '수중숲'으로 불리는 독특한 곳이라고 한다.

군용 탱크 같은 승합차

PART 5 **카자흐스탄 톈산산맥** 283

폐차 직전의 승합차에 몸을 맡기고

진입로 길이 좁아 12인승 승합차로 갈아타야 한단다. 탱크같이 투박한 구형 승합차인데 거의 폐차 직전의 모습에 모두들 당황스러워 한다. 낡아 보여 타기도 부담스러운 차에 조심조심 오르는데, 곧바로 속도를 내며 덜컹덜컹 도로를 달리기 시작한다. 포장도로를 10여 분 달리는가 했는데 곧바로 우측으로 회전을 하며 비포장도로에 접어들었다.

차는 다듬어지지 않은 노면 위로 속도를 줄이지 않고 질주하는데, 내부는 안전띠도 없고 에어컨도 없는 투박한 모습이다. 덜컹거리는 차 안에서 불안해하는 맘도 모르는지, 노면을 무시하고 거침없이 달려간다. 오름길에도 숙도가 줄지 않는 것으로 보아, 파워가 있어 보이는데 러시아 군용차량을 개조하지 않았나 싶다. 상황은 즐기는 게 상책이라 했던가…, 모두들 조금씩 덜컹거림에 적응하며 흥분하기 시작한다.

중간에 물이 무릎까지 차오르는 시냇물을 만났는데도, 일말의 망설임도 없이 내달리니 급기야는 모두들 환호성을 내지른다. 오랜만에 느껴보는 거친 오프로드의 생동감에 모두들 함박웃음을 짓는다. 덜컹거리는 고갯길을 따라 엉덩이를 마사지하고 괴성을 질러대며 드라이브(?)를 즐기는 사이, 차는 순식간에 카인디 호수 입구에 다다랐다.

따사로운 햇살 아래 멀리 설산이 보이고 연두색 수풀 사이로 제

가문비 고사목이 썩지 않고 박혀 있는 카인디 호수

법 세찬 시냇물이 흐르는 엽서 그림 같은 풍경을 마주하는데 한쪽 시냇가에는 수십 마리의 말들이 모여서 손님들을 유혹하고 있었다. 마부들의 유혹을 뿌리치고 가벼운 복장으로 잘 다듬어진 안만한 산길을 부담 없이 걸어간다.

  군데군데 퍼져있는 소박한 들꽃들 옆 냇가 사이로 철제 다리와 계단이 설치되어 있어서 여행자를 편안하게 인도한다. 부담 없는 산길을 40여 분 걷다 보니 왼쪽 수풀 사이로 살며시 호숫가 전경이 내비쳤다.

길지 않은 트레킹 코스에 만족하며 수풀 속 호숫가로 내려서는데, 아! 짧은 탄성이 흘러나온다. 파란 하늘과 하얀 설산을 뒤로하고 하늘에 높이 치솟은 가문비 고사목나무들이, 짙은 비췻빛 물속에 고요히 잠겨있는 모습은 신화 속 장면이 실제로 나타난 것만 같았다. 부드러운 햇살 속에 깊이를 알 수 없는 호수의 투명한 물들은 반짝반짝 빛나고 있는데, 잎이 없는 나무들이 일직선으로 솟아서 신전의식을 치르듯 도열해 있으니, 그 어디에서도 접해보지 못했던 독특한 풍광이다.

항상 수온이 차가운 6도 이하로 유지되고 있어 썩지 않고 그대로 보존되고 있다고 한다. 젊은 서양인 남녀가 나무데크 위에서 갖은 포즈를 취하면서 사진을 찍어달라고 요청한다. 신비로운 호숫가, 사랑스러운 연인들의 모습이 그림같이 어울려 영화를 찍는 심정으로 연신 셔터를 눌러댔다.

정신을 가다듬고 10여 분을 더 걸어서 호숫가 상류로 다가가니 또 다른 풍광이 나타난다. 커다란 절벽 바위 옆으로 맑은 물이 흐르는 시냇가가 나타나는데 노란 민들레꽃들이 흐드러지게 피어있고 절벽 옆으로는 가문비 고사목들이 도열해 있는 화려한 모습이 나타난다. 잊을 수 없는 멋진 풍광에 하염없이 바라보기 멍 때림을 한다. 시간도 잊은 채….

'카자흐스탄의 그랜드캐년' 샤린 협곡으로

 신비로운 호숫가의 여운을 간직한 채 '카자흐스탄의 그랜드캐년'으로 불린다는 다음 목적지 샤린 협곡으로 향했다. 설산을 뒤로하고 내달리는가 했는데, 순식간에 모든 게 사라진 사막지대가 나타난다. 멀리 지평선이 보이는 광활한 사막인데 한쪽에는 외계행성 같은 거친 바위산들이 스쳐 지나가는 낯선 모습이다. 광활한 대지 위의 낯선 풍경을 바라보며 1시간여를 달리니 거친 사막 한가운데 방갈로 촌락이 보이고 벙커 같은 건물이 나타났다. 샤린 협곡 입구에 도착한 것이다.
 얼음을 채운 시원한 과일주스와 햄버거로 점심을 때운 뒤 협곡으로 향했다. 30도를 넘어서는 뜨거운 햇빛 아래 걸어가지만, 건조한

샤린 협곡으로 내려가는 길

사막 한가운데 거세게 흘러가는 샤린강

공기 때문인지 그늘에 들어서면 시원하여 부담을 덜어준다. 길 주변으로는 수억 년을 견뎌온 붉은 사암들이 현란한 형태와 다양한 크기로 갖은 포즈를 취하고 있다.

 구름 한 점 없는 파란 하늘을 배경으로 마치 예술품 전시회 같은 분위기를 자아내는데 감상하며 걷는 재미가 쏠쏠하다. 고도차 300m로 전체 협곡의 길이는 150km가 넘는 거대한 규모라는데 이곳은 2.5km의 하이라이트 구간이라고 한다. 기기묘묘한 천연

조각품들을 감상하면서 30여 분을 걷다 보니 종착지로 넓은 광장이 보이고 휴게 쉼터 시설들이 나타났다.

쉼터 뒤로 기다랗게 울창한 수풀들이 보여 의아했는데 놀랍게도 폭이 100m도 넘어 보이는 거대한 샤린강이 숨어있었다. 세찬 강물이 굉음을 내며 흘러가고 있는데, 이 황무지 사막에 저런 물줄기가 흘러가고 있다니 그저 어안이 벙벙할 따름이다. 켓맨산맥의 남사면에서 발원이 되어 눈 녹은 물줄기가 이 사막 한가운데로 흘러들고 있다고 한다.

더운 날씨에 발이라도 담그고 싶지만 앉을 장소가 마땅치 않고 물이 생각보다 차갑다고 하여 포기하고 돌아섰다. 다행히도 돌아가는 길은 걷지 않고 차량을 이용한단다. 트럭을 개조한 차량을 타고 되돌아가는데, 미니트럭 짐칸에 의자 여덟 자리를 설치한 어설픈 모습이다. 자리는 불편해도 이 더운 날씨에 걷지 않는 게 얼마나 큰 호사인가. 트럭 위 의자에 앉아 절벽을 감상하며 복기하는 과정도 싫지 않았다.

천변만화 대자연의 감동을 한 아름 간직한 채 다시 알마티로 돌아간다. 노곤한 몸으로 난잠을 자고 차창 밖을 내이다 보니, 석양빛으로 노랗게 물든 톈산 설산의 파노라마가 반갑게 손짓을 한다. 알마티가 이틀 만에 듬뿍 정이 들어버렸나 보다. 조금은 피곤하지만 아픈 데도 없고 정신도 맑은 느낌이니 오늘 저녁도 꿀잠을 자지 않겠는가? 행복한 알마티의 밤을 맞이한다.

5일차
알마티의 식수원 알마티 호수를 찾아서

있던 장비가 부실해지면 행동이 부자연스러워진다. 2일째 산행에서 부러진 스틱 때문에 작은 마음고생이 있었는데 아침에 점검을 하니 마지막 남은 스틱마저도 고정 고리가 끊어져 버린다. 아직도 트레킹 일정이 10일 이상이나 남았는데 찝찝한 마음을 떨칠 수가 없다. 가이드의 조언을 받아 가까운 곳에 있는 스포츠 숍에서 새로이 구입을 했다. 2단짜리 투박한 형태이지만 작동에는 불편함이 없어 만족스럽다. 앓던 이는 아니지만 묵은 숙제를 처리한 홀가분한 기분으로 호텔 문을 나선다.

해발 2,500m에 있는 알마티 호수에 오르기 위하여 다시 일레 알라타우 국립공원을 찾았다. 해발 1,700m에서 출발하여 고도차 800m로 왕복 16km를 걷는 만만찮은 코스인데, 트레킹 후 저녁 비행기를 타고 악타우로 이동하는 일정도 잡혀있어 시간의 압박이 느껴지는 조심스러운 일정이다.

이번 트레킹을 총괄하는 가이드는 순박한 카자흐스탄 청년인데 버스기사는 중년의 러시아인으로 잘 통제가 되지 않아 갈등을 겪고 있었다. 인사도 잘 받지 않는 무뚝뚝한 기사 때문에 항상 조마조마했는데 결국 오늘 트러블이 생긴다. 빡빡한 시간 스케줄을 의식하며 공원 진입로에 들어서는데 최종 목적지를 1km 정도 남겨놓고 버스를 돌려버린다. 들어오는 차가 많아 주차할 곳이 없다고 일방적으로 돌려버린 것이다.

수도관 파이프 위 등산로를 따라 알마티 호수에 올라보니

딱딱한 아스팔트길로 1km를 왕복으로 걸어가려면 40~50분은 걸릴 건데 막무가내이고 협상의 여유도 보이지 않는다. 빡빡한 일정에 갑자기 1시간의 로스가 생겨버린 것이다. 트레킹 거리가 늘어나 고도차 900m와 산행거리 18km가 되었는데 주어진 시간은 5시간이란다. 속보로 올라가도 불가능해 보이는 일정이라 속이 탄다.

달리 대안이 없어 고민 끝에 호수 도착 여부와 관계없이 2시간 반을 올라갔다가 무조건 돌아오자는 배수진을 치고 각자 올라가기로 했다. 딱딱한 아스팔트길로 30여 분을 걸어 올라가니 트레킹 갈림길이 나온다. 계속 이어지는 아스팔트길과 커다란 파이프 관 옆으로 나있는 급경사길로 나누어진다. 가이드는 순탄한 아스팔

파이프 위를 걷는 알마티 호수 트레킹

길을 권유하지만 시간이 촉박하여 3.5km 급경사길을 택할 수밖에 없었다.

　산 가운데를 가로지르고 있는 파이프관은 식수관이란다. 멀리 호수에서부터 뻗어 나온 관은 직경이 1m도 넘어보이는데 알마티 시내에 식수를 공급하고 있는 중요시설이다. 길은 식수관을 따라 끝까지 연결되어 있다는데, 초입부터 가파른 철제 계단으로 시작되었다.

　철근 파이프를 엮어서 어설프게 만들어져 있는데, 40~50도는 되어 보이는 급경사로 폭까지 좁아 내려오는 사람들과 통로교대를 해야 하는 열악한 수준이었다. 그래도 멀리 크게 S자로 이어지는 딱딱한 차도를 바라보니 이 코스가 낫지 않나 자위를 해보지만 잠깐 동안의 오름에도 숨이 차오른다. 그나마 드문드문 나타나는 나무 그늘이 힘든 산행을 위로해 주는 정도이다.

　1시간여를 힘들게 관을 따라 오르니 관길이 사라지고 도로와 접속이 되며 경사가 완만해져 한숨을 돌린다. 이제부터는 아스팔트

알마티 호수 전경

길을 걷는다는데 다행히도 드문드문 지름길이 나타난다. 차도는 커다랗게 S자를 그리지만, 그 사이사이로 직선 샛길이 나있는 것이다. 그토록 멀어만 보이던 호숫가 건물이 어느덧 시야에 들어오는데, 가이드가 빠른 산행을 칭찬하면서 예정 시간 내에 호수 도착이 가능할 것 같다는 반가운 소리를 한다.

    가벼워진 발걸음으로 샛길을 치고 올라가는데, 고도가 2,000m를 넘어서니 기온도 내려가고 쾌적해져 마지막 산행을 도와준다.

정확히 2시간 반 만에 호수 위 정상에 도착하였다. 힘들게 올라온 보상인지 정상에서 바라보는 호수의 풍경은 가히 선경이었다.

파란 하늘을 배경으로 270도로 펼쳐지는 설봉들이 눈에 부신데, 그 아래 에메랄드빛 호수는 햇빛에 반짝반짝 빛나고 있다. 호숫가 풀밭 위에는 삼삼오오 짝을 짓고 호숫가의 전경을 즐기고 있는 그림 같은 풍경이다. 높은 고도의 서늘한 바람 속 행복한 정경에 힘들었던 산행도 잊은 채 호수 바라보기를 한다.

주어진 시간 30분에 점심과 휴식을 취하고 호수의 멋진 여운을 간직한 채 곧바로 하산길로 접어들었다. 먹거리 짐도 줄어들어 발걸음이 가벼운데, 반갑게도 도중에 작은 식수라인이 등산객을 기다리고 있다. 얼음장처럼 차가운 물을 맘껏 들이켜고 물병에도 가득 채우니 세상 부러울 게 없다.

가벼운 걸음으로 날아갈듯 내달렸는데 예정 시간보다 1시간이나 이르게 도착하였다. 냇가에서 양말을 벗고 얼음처럼 차가운 물에 발을 담그니 세상 필요한 게 없어진다. 피로는 풀리는데 호숫가의 감동은 뇌리에서 떠날 줄을 모르니 행복한 미소가 온몸으로 파고든다.

6일차
카스피해 연안의 사막 한가운데로

밤늦은 비행기로 카스피해 해변도시 악타우에 새벽 1시에 도착했는데, 5시에 일어나 해안가 산책을 나가란다. 해변가 새벽 풍경이 일품이니 반드시 봐야한다는 가이드의 강권 때문에 억지로 일어나 눈을 비비며 호텔 문을 나섰다. 호텔이 바로 해안가 절벽 위에 위치해 있었는데 나서자마자 화려한 조명 불빛으로 번쩍이는 해안 단애 절벽이 눈에 들어온다.

하얀 석회암 절벽이 해안가를 따라 기다랗게 펼쳐지는데 그 밑으로 나무데크와 화려한 조명등이 설치되어 해변 산책을 유혹하고 있는 것이다. 피곤한 몸에도 불구하고 서늘한 새벽바람 속 해안가 산책이 나쁘지 않았다. 한 모금의 박카스를 마시는 듯 상큼한 기분을 선사해 자꾸만 걷게 된다.

수억 년 동안 해풍과 파도의 부딪힘으로 부서지고 다듬어진 기기묘묘한 사암 절벽에 탄성이 나온다. 다만 멋진 절벽을 얼룩덜룩

악타우 해변가의 해안단애 절벽

한 조명등으로 치장해 놓았는데 화려하기보다는 조금 조잡하다는 느낌이 들은 게 옥의 티였다. 바다 반대쪽은 아제르바이잔이라 하는데 다음 달 트레킹이 예정되어 있어 설레는 마음으로 쳐다본다.

여유로운 아침을 먹고 본격적인 트레킹에 나섰다. 악타우는 하얀 산이라는 뜻인데 석회암 단애가 흰색을 띠고 있어 유래된 연유라 한다. 놀랍게도 1958년에 조성된 신생 도시라 하는데, 미소 냉전 시 우라늄 개발 계획에 따라 급조되어 만들어졌다고 한다. 당시 물이 부족하여 비교적 염분이 적은 카스피해 바닷물을 담수화해 충당하였는데 지금도 물 대책이 가장 시급한 현안이라고 한다. 자연경관이 소문이 나면서 관광수요가 늘어나 도시가 커지고 있기 때문이다.

오늘부터는 오프로드 거친 사막을 투어하기 때문에 차가 바뀐다. 캐리어를 호텔에 맡기고 작은 배낭에 필수품만을 옮기고 3명씩 조를 이뤄 지프에 올라탔다. 앞으로 3일간은 사막 한가운데에 있는 간이 호스텔과 유르트에서 숙박을 한다고 한다. 전쟁에 참여하는 비장한(?) 마음으로 무장하고 차에 오른다.

악타우 시내 역시 쓰레기 하나 없는 깔끔한 모습이다. 알마티에서 느꼈던 신선함이 이곳 악타우에서도 이어지는데, 카자흐스탄 전체의 깔끔한 문화인 것 같아 조금 부러워진다.

360도 지평선만 보이는 사막의 한복판에서

지프는 잠시 시내를 지나는가 했는데 순식간에 허허벌판 황무지로 안내를 한다. 어디를 봐도 인공물이 보이지 않는 황량한 벌판이다. 360도로 지평선만 보이는 것도 처음인데, 달리고 달려도 지평선 위의 풍광이 바뀌질 않는다. 사방 풀밭에 거침없이 달리는 앞차의 흙먼지만 시야에 들어오는데, 아무것도 보이지 않는 허허벌판에서 짜릿한 흥분을 느낀다.

몇백 년 아니 몇천 년 전 유적이니 대단하다고 감동을 강요하는 문명사회의 모습이 아니고 몇억 년 아니 태고에서부터 흘러온 날것 자연이니 그냥 서서 바라만 보라는 편안함이 마냥 좋다. 억지로 느끼지 말고 감동을 찾으려고 노력하지도 말라고 한다. 서있는 것 자체로 자연 속으로 빨려들며 동화되는 내 자신이 신기하다.

온몸에 전율을 느끼는 짜릿한 감동이 몰려오는데, 신선한 공기, 파란 하늘, 하얀 뭉게구름은 그저 덤이다. 넓은 초원 위로 하얗게 흙길이 표시되어 있지만, 차는 도로를 무시한 채 사방을 제멋대로 달려간다. 6대가 달리는데 앞차의 먼지를 피하기 위하여 제멋대로 차를 내모는 것이다. 오프로드의 거침없는 과속에 젊음이 되살아나는 듯한 자유도 만끽한다.

한참을 달리는데 말 떼들이 심심찮게 나타난다. 몰이꾼도 없고 말들도 아무런 장비들이 없어 보여 야생마인가 흥분했는데, 모두들 주인이 있는 말들이라 한다. 농장에 예속된 말들이라 하는데 서있는 모습들은 그저 야생마의 몸짓이다. 근데 농장은 어디에도 보이질 않는다. 지평선 너머 어딘가에 농장들이 있을 건데….

기기묘묘한 카팜사이 협곡

3시간을 달려 해안가 절벽에 다다랐다. 카팜사이 협곡 Kapamsay Canyon의 fallen earth라는 장소로, 절벽 밑으로 거대한 땅 꺼짐이 일어난 특이한 지형이란다. 절벽 위에서 바라보는 풍경은 독특

용의 꼬리 사암

마이클 잭슨 모자 바위

했다. 커다란 바위들이 제멋대로 쓰러져있고 세월로 다듬어진 사암들이 기괴스럽게 서있는데 그 규모가 커서 한눈에 들어오질 않는다. 꺼진 부분이 워낙 넓어 이름에도 earth를 붙일 정도이니….

해안가까지 트레킹을 하기로 했다. 위에서 보기에는 푹 꺼진 절벽밖에 안 보였는데 흐트러진 암벽들 사이사이로 하얀 길이 나타나며 안내를 한다. 아무것도 살지 않을 것 같은 황폐한 모습인데 군데군데 동물들의 배설물이 보인다. 화려한 자연의 천연조각품들 사이를 비집고 들어가는데 가이드가 잠시 걸음을 멈춘다. 커다란 암벽 표면에 수십 개의 작은 구멍들이 보이는데, 시조새 같은 고대동물들의 화석 발자국이라고 설명을 한다.

멀리 작은 호수가 보이는 해안가까지 거닐며 2시간여의 트레킹을 마치고 올라오니 야외에 간이 탁자를 모아놓고 점심상을 차려놓았다. 햇볕은 뜨겁지만 바닷가에서 불어오는 선선한 바람 덕에 야외식사가 부담스럽지 않아 그럴듯한 점심 식단을 즐긴다. 냉장고의 시원한 맥주와 짭조름한 양고기 볶음밥이 기가 막힌 조화를 이룬다. 맛있어 보였던 디저트 사탕은 햇빛에 다 녹아버렸다.

오후에도 곳곳에 퍼져있는 카팜사이 협곡의 자연 조각품들을 감상하러 지프를 탔다. 절벽 밑으로 황톳빛 퇴적암들이 보이는데 그 위로 새하얀 사암의 거대한 모습이 길게 이어지는 특이한 모습에 감탄을 하고 있는데 이름이 '용의 꼬리'란다.

또 한곳을 달려갔는데 모두들 바라보면서 탄성을 내지른다. 커다란 모자를 쓴 사람 얼굴의 형상인데, '마이클 잭슨의 모자'란다. 정교한 모습에 감탄사가 절로 나온다. 이름을 잘 지었나? 제법 그럴 듯하게 마이클이 연상된다. 마지막 방문지는 크지 않은 동굴이었는데 망토들이 걸려있는 수도승들의 기도터였다.

하루 종일 뜨거운 햇빛 아래 투어를 하다 보니 고된 산행 못지않게 피곤이 몰려온다. 어제 잠을 자지 못한 탓도 있겠지만…. 숙소가 생소한지 노련한 기사도 20여 분을 헤매다 겨우 바다 끝 해변가에서 숙소를 발견했다. 카스피해 동부 연안의 황량한 사막 한가운데 위치한 호텔이다.

카스피해 해변가의 호스텔 전경

호스텔 형식인데 예상보다는 좀 더 정돈된 현대식 건물로, 비록 다인실이지만 샤워장에 화장실도 설치되어 있어 모두들 만족스러운 표정이다. 석식 자리에 보드카와 캔 맥주가 돌고 돈다. 힘든 산행이 아니고 평지 지프 투어이기 때문에 모두 술 욕심이 생기나 보다.

해변가라 은하수는 포기하라 했지만, 서늘한 바람 속 야외 시멘트 바닥에 누워 어두워지는 하늘을 바라본다. 아픈 곳도 없고 정신도 맑아져 몸속의 노폐물이 다 빠져나간 듯한 상쾌함을 느끼는데, 멀리서 반짝이는 샛별이 눈앞으로 다가온다. 사막 속의 외딴 건물, 샛별만이 희미하고 소박한 모습이지만 자꾸만 생각날 것 같은 카스피해의 밤하늘이 흘러가고 있다.

7일차

수억 년 전 융기한 악타우의 대평원을 누비며

선선한 새벽공기에 하늘을 뒤엎은 새털구름이 반갑기만 하다. 건조한 날씨라서 햇빛만 가려지면 트레킹에 최적 조건이 되기 때문이다. 몇몇이 나와 뒷마당에서 그네를 타고 있다. 몸무게가 비슷한 일행과 2인용 그네를 타보는데 리듬이 맞았는지 순식간에 하늘까지 치솟아 오른다. 멋진 하루가 예견되는 듯한 상쾌한 아침이다.

여유롭게 아침을 먹고 어제의 놀라웠던 감동을 간직한 채 지프에 오른다. 한국인을 처음 맞이한다는 가이드가 온갖 정성을 다하며 사막의 경관을 소개해 주고 있어 더없이 고마운 마음이다. 사막 투어를 위한 식재료를 사기 위해 마트에 가야 한다는데, 우연히도 오늘이 제2차 세계대전 승전기념일로 휴일이란다. 마을을 헤매다 어렵게 영업하는 마트를 찾아 식재료를 구입했다. 시원한 밀크 아이스캔디가 더없이 달콤하다.

위험해 보이는 노출 가스 파이프관

 인근 주유소에서 기름도 넣었는데 가격표를 보니 놀랍기만 하다. 가스는 리터당 150원, 가솔린은 리터당 800원이란다. 산유국이어서 저렴한데 특히 가스는 원가 개념이 없는 듯하여 부러웠다. 마을을 곳곳으로 감싸고 있는 얇은 가스관이 지중이 아니고 밖으로 노출되어 있는데 비싼 공사비 때문이란다. 겉보기에 위험스러워 보이는데 가이드는 사고가 없었다며 태연한 표정이다.

 모든 준비를 마친 차는 거침없이 사막 속으로 달려간다. 잠시 달리는가 했는데, 어제처럼 금세 지평선이 나오면서 끝없는 초원이 펼쳐진다. 커다란 동물들이 풀을 뜯고 있어 살펴보니 낙타였다. 혹이 하나 있는 낙타들이 드문드문 풀을 뜯고 있는데 친절하게도 사진을 찍으라고 기사가 차를 세워준다. 전혀 영어를 못하는 기사이지만 노련한 눈치로 의사소통에 큰 어려움이 없다. 낙타는 이집트에서 보았던 장대하고 당당한 모습이 아닌 초라하고 빈약한 가축의 모습이었다.

아직까지도 생성 원인이 밝혀지지 않은 '볼의 계곡'

1시간여를 더 달려 오늘의 첫 번째 목적지 '볼의 계곡'에 도착하였다. 새롭게 세계의 불가사의한 장소로 회자되고 있는 유명한 곳이란다. 유명세를 아는지 모르는지 입구에는 자그마한 러시아어 표지판 하나만이 덩그러니 서있었다.

계곡 쪽으로 내려가니 곳곳에 동글동글한 바위들이 나타난다. 손으로 들릴 것 같은 작은 것에서부터 직경이 2m도 넘어 보이는 커다란 바위까지 다양한 형태의 원형 바위들이 산 전체에 흩어져 있다. 두 구형이 합쳐져서 거북 모양을 하는 모습도 보이고 양송이의 버섯 모습을 그대로 빼다 박은 모습도 보인다.

일부는 껍질이 벗겨지며 구형이 만들어지는 모습도 보이는데, 하이라이트는 계곡 맨 밑에 있었다. 사람 키를 훌쩍 넘는 거대한 사이즈의 원형 돌이 정확히 절반으로 쪼개져 있었는데 속은 산화철이 섞인 듯 붉은 모습이었다. 어떻게 자연적으로 이런 형태가 만들어졌는지 볼수록 궁금증이 더해진다.

전 세계에서 수많은 사람들이 이곳을 찾고 있고 지질학도 계속 발전하고 있을 텐데, 아직도 돌무더기의 생성 원인을 모른단다. 바

볼의 계곡

다 밑에서 미네랄이 뭉쳐져 만들어졌을 거라는 설이 있다는데, 구체적인 추론도 없어 설득력이 없어 보인다. 이곳이 인적이 없는 사막지대여서인지 설화나 전설도 없고 그저 볼의 계곡이라는 이름만이 건조하게 남아있다. 모든 게 궁금하여 답답한 마음이지만 신기로운 모습을 보는 것만으로 만족하며 자리를 뜰 수밖에 없었다.

다시 지프에 올라 사막을 달려간다. 어제와는 달리 다양한 모습의 석회암 돌산이 나타나는데 그 규모가 하나같이 거대하여 눈이 둥그레진다. 새파란 하늘 아래 흰 구름들이 오락가락 변화를 일으키는데 이곳저곳 석회 돌산의 파노라마가 펼쳐지면서 대자연의 장엄한 모습을 연출하고 있는 것이다.

포장도로에서 잠시 샛길로 빠져 코카라 블루마운틴이라는 돌산

사막 한가운데 나있는 오프로드를 내달리는 지프

을 찾았다. 퇴적된 형태의 돌산인데 10여 분 걸어 올라가니 화려한 형태의 조각공원 같은 산 정상부가 나오고 장대하게 펼쳐져 있는 사막의 대평원이 시야에 들어온다. 군데군데 바위틈으로 노란 들꽃들이 피어있어 운치를 더해주는데, 하얀 석회 바위들 사이로 푸른빛이 돌고 있어 이름의 연유를 유추하게 한다. 단단한 화강암이 아니고 쉽게 바스러지는 퇴적암이라 모두들 조심조심 내려왔다.

판타지 영화 속 장면 같은 캐슬오브밸리

점심 후 찾은 곳은 아이락티의 캐슬오브밸리라는 거대한 돌산이었다. 붉은 사암이 길게 드리워진 기단부 위에 하얀 석회 돌산이 화려하게 띠를 두르는데, 상층부에는 뾰족한 첨봉들이 솟아있는 천연 성곽의 모습이 끝이 보이지 않는 지평선 초원 위에 신기루처럼 솟아있다. 주변으로도 빼어난 모습의 돌산들이 솟아있는데 어디에서도 볼 수 없는 그림 같은 돌산의 파노라마가 펼쳐지고 있는 것이다.

캐슬오브밸리 밑에서의 캠핑

시야에 전부 들어오질 않아 계속 몸을 돌려 둘러보는데, 마치 영화 속의 잃어버린 세계처럼 어느 날 갑자기 나타난 환상의 마법세계로 들어온 듯 황홀경에 빠져든다. 뒤로도 몇 곳을 더 둘러본 뒤 진한 여운을 간직한 채 유르트로 귀가하였다.

케이프타운의 블루마운틴 같은 돌산을 바라보며 야외에서 만찬을 갖는다. 샤워시설이 빈약해 씻지도 못하고 어설픈 모습으로 대하는 저녁 만찬이지만 진한 감동의 여운이 남아 표정들은 밝기만 하다. 맥주와 와인 그리고 독한 보드카가 곁들여진 말고기 만찬 속에 하루를 마감한다. 사막의 선선한 저녁 바람 속에 보드카 한잔으로 취기가 오르는데, 지평선 아래로 펼쳐지는 장엄한 대자연의 모습들이 자꾸만 눈앞에서 어른거리며 영화처럼 흘러간다.

인터넷도 끊긴 외딴곳 유르트의 밤하늘엔 별들이 쏟아지는데….

8일차
악타우 사막의 필수 방문 코스라는 솔트레이크로

 씻지도 못하고 초저녁 잠자리에 들었는데 눈을 뜨니 새벽 4시를 가리키고 뒤척이다 보니 아침이 밝아온다. 두꺼운 모직포로 둘러싸인 유르트 천막 속은 캄캄한데 점점이 뚫려있는 구멍 사이로 빛이 쏟아지며 아침을 알려준다. 밖을 나오니 구름이 다 걷히고 따가운 아침햇살이 쏟아지는데 아무래도 한낮의 무더위가 걱정된다. 오늘은 단단한 각오를 하고 투어를 나서야 할 것 같은 생각이다. 연박이라 간단한 필수품만 갖추고 지프에 올랐다.
 어제 들르지 못했던 몇 곳의 뷰포인트를 마저 방문한 후 오늘의 주 목적지인 솔트레이크로 향하는 일정이다. 바다가 융기한 형태로 볼리비아의 우유니 사막 같은 소금밭인데 낮은 지대여서 물이 고여 호수를 이룬 곳이라 한다. 특히 석회암 절벽을 포함한 주변 경관이 뛰어나 필수 방문 코스라고 하여 기대를 갖게 한다.

어제처럼 드넓은 평원을 가로지르며 2시간여를 달려 호수 전망 포인트에 도착하였다. 예상은 했었지만 막상 현장에서 바라보는 호수는 한눈에 다 들어오지 않을 정도로 거대했다. 넓게 펼쳐진 초원의 끝자락에 90도로 꺾인 절벽과 우뚝 솟아있는 하얀 돌산이 나타나는데, 그 밑으로 푸른 물과 S자로 굽어지는 하얀 소금밭이 어우러진 호수가 지평선, 아니 수평선이 보일 정도로 커다랗게 자리하고 있다.

끝이 보이지 않는 소금 호수를 바라보며

산 밑으로는 새하얀 돌기둥들이 기다랗게 열 지어 있는 모습인데, 그 위로는 하얀 퇴적층이 띠를 두르고 또다시 푸른 숲이 층을 이룬다. 마지막 정상부는 황톳빛 암봉들이 솟아있어 맛있는 케이크 같은 모습으로, 구름 한 점 없는 파란 하늘과 기가 막힌 조화를 이룬다. 탄성이 절로 나오는 절경이다. 그저 할 말을 잃고 카메라도 내려놓고 넋을 놓고 바라보았다.

멀리 호숫가에 몇 대의 차량이 보인다. 우기 때는 호수 바닥이 물러져 차가 들어갈 수 없지만 지금은 다행히도 건기여서 호숫가까지 직접 가볼 수 있으니 안내하겠다고 한다. 바로 눈 밑에 보이는 차들을 바라보며 금방 내려갈 것을 예상하고 차에 올랐는데, 호수와는 반대쪽으로 방향을 튼다. 궁금한 마음에 물어보고 싶지만 말

케이크처럼 층층이 겹을 이룬 사암 산

이 안 통한다. 답답한 맘을 아는지 모르는지 차는 야속하게도 전속력을 내어 반대쪽으로 달려간다.

　복잡한 통역기를 쓰기 귀찮아 지켜보는데, 30여 분을 달리더니 왼쪽 초원 샛길로 들어가면서 드넓은 초원을 가로질러 또다시 질주하기 시작한다. 360도 지평선으로 둘러싸인 대평원 속에서 몇 개의 지평선을 넘고 나서야 궁금증이 풀린다. 높다란 절벽이 수십 km 이어진 거대한 모습이어서 내려갈 차도가 없었던 것이다. 차는 급격한 비탈길을 따라 호숫가로 내려가는데 가는 길이 희미해지고 복잡하게 흩어지는 샛길들이 나타난다.

　기사들도 속력을 내지 못하고 더듬거리며 시행착오를 겪는다. 6대가 움직이는데 수시로 무전으로 상황을 얘기하더니 급기야는 내

길을 찾아 헤매는 지프

　려서 작전회의(?)까지 하는 등 심각해지는 분위기이다. 알고 보니 이 길은 여행사에서 급조한 비공식길 들로 관리시스템이 없어서 비가 쏟아지면 없어져 버렸다가 다시 새로운 루트가 만들어지는 임시 길이었던 것이다.
　내비게이션에도 없고 표지판도 없으니 갈 때마다 더듬거리기를 반복할 수밖에 없단다. 그야말로 눈대중으로 찾아가는 날것 오프로드였다. 다시 몇 번의 시행착오를 거친 후 어렵게 호숫가에 도착했는데 시계는 오후 4시 반을 가리킨다. 고작 300m 산 아래를 내려가는데 2시간이 걸린 것이다. 그것도 산악도로를 내 맘대로 주무르는 지프인데….
　호수 바닥은 아스팔트처럼 패이지도 않고 먼지도 일지 않는 단단

끝이 보이지 않는 솔트레이크

한 모습이다. 왼쪽으로 기다랗게 하얀 석기둥들이 도열해 있는 소금 빙판 위를 시원스레 달린다. 중간중간의 물길 턱에 엉덩이가 들썩이지만 시원한 호숫가 질주가 가슴을 뻥 뚫리게 한다.

밑에서 바라보는 풍경은 또 다른 화려한 모습이다. 해안선(?)을 따라 열 지어 있는 석회암 기둥들은 눈이 부신 하얀색으로 마치 콜로세움 내부 같기도 하고 석회동굴의 종유석 같기도 한 모습인데 끝이 보이지 않을 정도로 기다랗게 장관을 이루고 있다. 거대한 석회암산도 드넓은 소금 바닥이 떠받치고 있는 모양인데, 호수와 한

몸인 듯 일체를 이루며 더욱 더 거대하고 화려한 모습으로 보는 이를 압도케 한다.

　모두 바다 같은 호숫가에서 갖은 포즈로 사진찍기 놀이를 한다. 점심을 싱겁게 먹었나 소금 맛을 보는데, 짜지 않고 달짝지근한 맛이라고 파안대소를 한다. 주변 바위들도 둘러보는데 하나같이 어류화석들이 박혀있다. 암모나이트도 보이고 조개껍질, 문어 등의 화석들도 보인다. 호수는 너무 멀어 갈수가 없고 절벽과 호숫가를 둘러보는 것으로 마무리하고 진한 여운을 간직한 채 귀갓길에 올랐다.

곳곳에 흩어져 있는 바다생물 화석들

　유르트에 손님들이 많이 빠져나갔나 보다. 세면장에 여유가 생겨 어제 못 한 샤워를 한다. 모기 눈물 같은 물줄기에 온몸을 맡기고 고양이 세수 같은 목욕을 했지만 상쾌한 기분은 하늘을 찌른다. 살랑거리는 밤바람에 야외 탁자에서 별 바라보기를 하는데 눈에 들어오는 건 보름달이다. 환한 보름달 속에 화려했던 사막의 잔영들이 드리워지며 가슴을 파고드는데….

　아쉬운 유르트의 마지막 밤이 또 그렇게 흘러간다.

9일차

악타우 사막의 하이라이트 보즈지라 협곡에

오늘도 어제처럼 사막 투어를 나간다. 유르트의 마지막 날이기 때문에 짐을 모두 꾸리고 차에 올랐다.

이제는 익숙해진 사막 초원 속을 달리는가 했는데 처음 보는 낯선 모습이 나타난다. 원유를 펌프질하는 기계들이 도로 양옆으로 이어지는데 끝이 없이 전개되고 있었다. 영화 〈자이언트〉에서 보

끝없이 펼쳐지는 원유 펌프 행렬

았던 석유 채굴 장면이다. 신기하기도 하고 언뜻 부러운 생각도 들지만, 또 다른 상념에 잠긴다. 풍부한 자원의 혜택으로 나라가 부강해지는 듯하지만 과연 국민들이 열심히 일하는 분위기가 조성될까 싶다. 카자흐스탄 인구가 2천만 명밖에 안 되는 산유국인데도 인당 소득은 15,000달러로 우리나라 절반도 되지 않는다. 열심히 한 노력으로 얻은 대가가 더 튼튼한 국력을 만들지 않을까? 넓은 땅덩이와 풍부한 천연자원을 갖춘 나라와 국력의 상관관계가 높지만은 않을 거라는 생각이 스쳐간다.

자연 추상화 으브트사이 협곡

2시간을 내달려 도착한 곳은 사막 한가운데 자리한 으브트사이 협곡이었다. 30~40m 높이에 수백m 길이의 크지 않은 석회암 계곡인데, 입구에 들어서는 순간 절로 탄성이 나온다.

카자흐스탄의 자연경관은 과연 어디까지일까? 조각공원을 연상케 하는 협곡의 기상천외한 모습에 허를 내두를 수밖에 없었다. 표면이 벌집 모양 같기도 하고 소의 위장 같기도 한 바위 협곡이 기기묘묘하게 돌고 돌면서 이어진다.

어느 한 부분도 정형화되어 있지 않고 현란하게 뒤틀려 있어 도저히 설명할 방법이 없어 보인다. 앞뒤 사람이 보이지 않을 정도로 구불구불한 미로길이 계속 이어지는데, 도대체 카메라 구도를 어

추상화 같은 으브트사이 협곡

떻게 잡아야 할지 감이 잡히질 않는다. 추상화 같은 돌 조각 사이사이를 보이는 대로 느끼는 대로 그냥 찍어본다. 앞뒤도 없고 위아래도 뒤바뀌는 듯 혼란스러운 형태의 연속이다.

  길지 않은 코스여서 짧게 끝나는 방문이었지만 강렬한 모습에 그저 짧은 감탄사만 연발하게 된다. 이 멋진 계곡이 관리가 부실하여 사람의 손이 닿는 부분에는 온갖 낙서가 적혀있는 등 훼손이 되고 있어 놀라우면서도 안타까운 마음이다. 천만다행(?)으로 우리 글자는 보이지 않는다고 맘을 추슬러 보지만 아쉬운 마음은 어쩔 수가 없다.

  점심 후 드디어 이번 악타우 여행의 하이라이트라는 보즈지라 협곡을 찾아간다. 이곳은 고대 테티스해의 바다였던 지역으로 수백만 년에 걸쳐 침식과 풍화작용으로 형성된 카자흐스탄 최고의 경관이란다. 1,000팅겔 화폐에 등장하고 죽기 전에 보아야 할 세계 10대 명소로 선정되기도 했다면서, 기대해도 좋다는 가이드의 확신에 찬 설명이다. 선정 주체가 공신력이 있는 기관인지는 모르겠지만….

〈혹성탈출〉 영화 배경 장면 같은 보즈지라 협곡

　차는 능숙하게 사막 한가운데를 가로지르며 질주를 한다. 끝이 보이지 않는 일직선 도로를 달리고 달리는데도 360도로 지평선이 펼쳐지는 대평원의 모습은 벽화처럼 변하질 않는다. 2시간쯤 달리고 나서야 한쪽 지평선이 무너져 내린 듯 열리며 멀리 산 아래 밸리가 나타나는데 광활한 풍경이 심상치가 않다.
　새하얀 석회암산들이 다양한 형태, 다양한 크기로 펼쳐지는데 끝도 없이 이어져 파란 하늘과 맞닿아 있는 장대한 모습이다. 차는 서서히 내려가면서 또 끝없이 질주를 하는데, 출발한 지 3시간이 되어서야 보즈지라 전망대에 도착했다고 안내를 한다.
　한낮의 열기가 올라오고 있는 데다 바람까지 거세어 얼굴을 수건으로 감싸며 차에서 내리고 몇 걸음을 걸어가는가 했는데…, 순간 동공이 얼어붙고 가슴은 한순간의 정적에 휘말린 듯 고요해진다.
　계곡 아래로 비현실적인 풍경이 펼쳐지는데 짧은 탄성이 신음처럼 터져 나왔다.

거대한 보즈지라 협곡 전경

평생 보지도 못했지만 상상해 볼 수도 없는 세계가 눈앞에 펼쳐지고 있다. 하얀 석회암 기둥과 침식과 풍화로 다듬어진 암봉들이 거대한 평원 위에 우뚝 솟아있는데, 햇빛에 반짝반짝 빛나고 있는 모습이 이 세상 풍광이 아니었다. 새파란 하늘, 하얀 석회암 기둥, 높다란 절벽 단애, 드넓은 평원….

외계행성에 와 있는 듯한 초현실적인 모습에, 뜨거운 바람도 잊은 채 넋을 놓고 바라보며 감탄사만 내뱉는다. 사진을 찍으려니 작열하는 햇빛에 화면이 안 보인다. 그냥 감으로 구도를 잡으며 마구잡이로 셔터를 눌러댈 수밖에 없다. 다행히 DSLR 카메라는 화면이 잘 보여 맘을 놓고 구도를 잡아가며 찍을 수 있었다.

사진으로는 부족하여 무언가 더 담아가고 싶은 충동에 사로잡히지만, 방법이 없어 또 바라보기를 한다. 머릿속에 각인을 시키듯 뚫어져라 쳐다보지만 부족한 마음을 채울 길이 없다. 가이드에게 부탁하여 1,000팅겔짜리 새 지폐라도 부탁해 봐야 할 것 같은데…. 당분간, 아니 어쩌면 영원히 잊지 못할 장면인데….

지인들 술자리마다 떠들어댈 꿈속의 선경을 맘속에 간직하고 돌아선다. 내일 또 화려한 마지막 투어가 있다는 가이드의 얘기가 귀에 들어오질 않는다.

10일차

Finale

　여행은 항상 더디고 천천히 시작하지만 중반부를 넘어서면 급속히 빨라진다. 첫날 아이젠도 없이 눈 녹는 텐산을 오르며 고생했던 기억이 아직도 생생한데 벌써 10일이 흐르고 일정을 마무리한다. 아무런 정보도 없이 텐산이라는 막연한 목표를 갖고 이곳 카자흐스탄으로 들어왔는데, 짧은 10일이지만 무탈하게 트레킹을 마칠 수 있어서 그저 행복할 따름이다.

　첫날 마주한 알마티의 국제공항은 초라한 시골 공항의 모습이었다. 승객들도 붐비지 않고 단출한 입국 절차에 불편함이 없었지만 초라한 모습에 실망감을 가진 것도 사실이었다. 그러나 이튿날 보여준 시내 거리의 풍경은 전혀 다른 반전이었다. 쓰레기 하나 없는 깨끗한 거리에 커다란 아름드리 가로수와 울창한 공원 숲이 도시 전체를 감싸는데, 시원스레 펼쳐지는 장방형 도로에 치안까지 좋아 나무랄 데 없는 선진국이었다.

톈산산맥을 배경으로 한 알마티 도시 전경

　도시를 에워싸고 있는 3,000m급 설산들과 어우러진 그림 같은 풍경은 그 어느 도시에서도 흉내 낼 수 없는 매력적인 모습이었는데, 오가는 시민들도 대체로 여유가 있고 친근하여 여행자의 마음을 들뜨게 했다. 산길에서 만나 본 청소년들도 밝은 미소에 건강한 모습의 이쁜 얼굴들이었다. 사회가 안정되고 미래가 밝으면 청소년들이 이뻐진다는데….

때 묻지 않은 대자연의 장엄함과 경이로움

　그러나 무엇보다도 감동적이었던 것은 때 묻지 않은 대자연의 장엄함과 경이로움이었다. 수억 년을 흘러오면서도 훼손되지 않고 태초의 원초적인 모습을 그대로 유지해 온 카자흐스탄이 멋져보였다. 선진국들이 온갖 비즈니스로 자연을 훼손하며 부를 축적하면서도 자연보호와 생명보호라고 요란하게 생색을 내는데, 이곳은 조용히 대자연과 융화되는 슬기로운 삶을 보여주고 있었다.

관광시스템이 부족하여 접근하는 데 많은 고생을 하였지만 대자연의 순수함과 경이로움을 마주하며 영혼까지 정화되는 듯한 매혹적인 경험을 할 수 있어서 마냥 행복했다. 힘들게 찾아가는 날것 여행의 진수를 만끽하는 진정한 로드 트레킹이었다.

어렵게 오른 알마티 호수 위에서 바라보는 설산과 에메랄드 물빛이 아직도 눈앞에 어른거린다. 내려오는 중간에 마셨던 눈 녹은 설산 생수는 뼛속까지 적셔주었는데 잊을 수가 있을까.

3시간을 달려 마주한 카스피해의 푸른빛은 경이로움 그 자체였는데, 처음 마주한 360도 지평선이 펼쳐지는 광활한 초원 위에서는 자연과 동화되는 교감을 느꼈다. 해질 무렵 거대한 돌산을 바라보며 야외식탁에서 맥주와 보드카로 취기가 오를 때는 세상 부러울 게 없었는데….

길도 없는 벌판길을 덜컹거리며 헤매다 마주한 거대한 소금호수에서 받았던 감동은 아직도 가슴을 두드린다. 이 세상 풍광이 아니라고 눈을 씻고 쳐다보던 보즈지라 협곡의 놀라움을 어떻게 잊을 수가 있을까. 모든 기억들이 뇌리 속에 각인되어 평생을 같이할 그림 같은 추억들이 되었다.

이제 다시 일상으로 돌아가는데, 한동안 대자연의 기억 속에서 헤어나질 못하고 가슴앓이를 해야 할 것만 같다. 때로는 술좌석의 멋진 안줏감이 될 것이고, 잠이 안 올 때는 행복한 수면제가 될 것이다.

시간이 지나 희미해지면 일기장과 사진첩을 뒤지면서 추억을 되살리겠지만, 그래도 아쉬우면 어느 날 갑자기 배낭을 꾸리고 날아가, 보즈지라 협곡 밑에 텐트를 칠지도 모른다.

하지만 지금은 온통 머릿속을 꽉 채운 대자연의 감동 속에서 마냥 행복한 미소가 지어진다.

친근한 웃음에 노련한 운전 솜씨를 자랑하던 형 같은 60세 동생 기사와 5개 국어에 능통하고 격투기에 능한 순박한 청년 안사르가 자꾸만 눈앞에 어른거린다.

행복한 기억을 연장하기 위하여 역사와 문화의 나라, 우즈베키스탄 타슈켄트로 떠난다.

Kazakhstan! Almaty! Aktau! Bye Bye!

악타우 대평원

PART 6
우즈베키스탄 톈산산맥

멀리 침간산이 보이고 그 아래로 커다란 호수가 자리하고 있는데, 파란 하늘과 갈대밭을 배경으로 한 시원한 모습이 연출되고 있다.

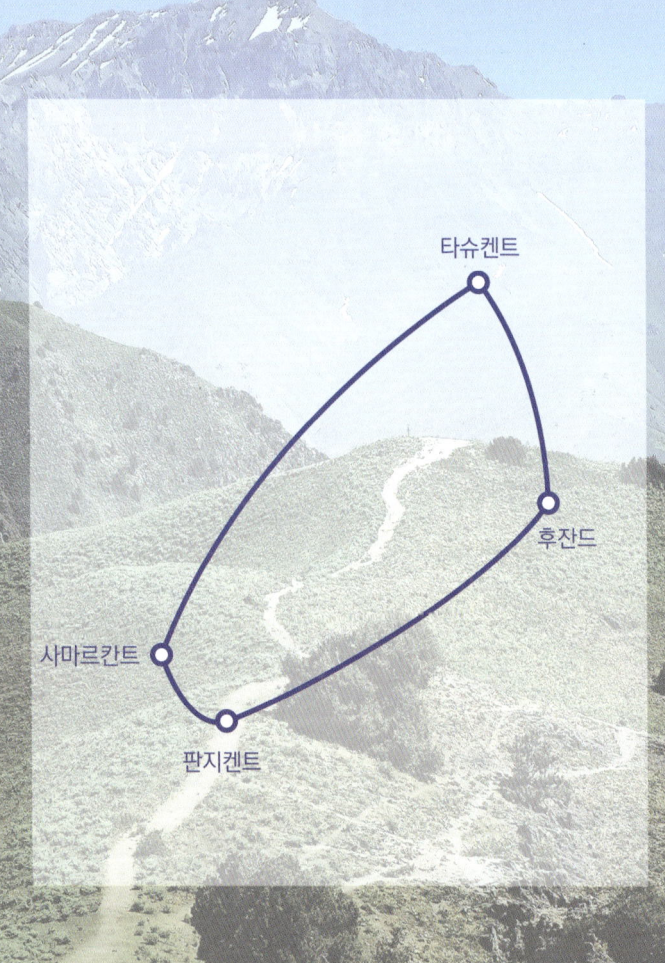

1일차

중앙아시아의 중심 타슈켄트로

　비행 노선을 연장하여 우즈베키스탄 타슈켄트로 들어간다. (주)롯데케미칼의 옛 후배사원인 김삼용 GW Int. 대표가 초청을 한 것이다. (주)롯데케미칼 당시의 영업 경험을 살려 이곳 우즈베키스탄에서 석유화학제품 무역으로 자리를 잡았다는데, 코로나가 창궐하던 시기에 700만 불을 수출하여 대통령표창도 받고 최근에는 수출 천만 불 탑까지 수상했단다. 성공한 후배가 자랑스러운데 초청까지 받으니 즐거운 마음이 한가득이다.

　한인이 운영하는 호텔에서 투숙을 했는데, 호텔 내 식당도 한식당이다. 10일 만에 먹어보는 돼지볶음, 김치찌개에 소주를 곁들이니 환상의 만찬이다. 카자흐스탄에서 먹었던 양고기, 말고기, 소고기 기름때가 싹싹 빠져나가는 느낌이다. 아침 뷔페 식단도 한식인데 인상적인 것은 과일들이었다. 요즘 살구와 체리가 나오기 시작했다는데 하나같이 설탕 맛이다. 블루베리, 토마토, 수박, 아보카도 등 과일로 배를 채운 아침이었다. 어젯밤 트레킹을 위하여 살구 1kg을 샀는데 단돈 2,400원을 지불했다. 그야말로 과일 천국인데 만족감에 입이 벌어진다.

 이른 아침 타슈켄트 인근에 있는 쿰벨산에 오르기 위하여 차에 오른다. 오늘 트레킹은 아밀소이에서 리프트로 산 정상부까지 올라가 3km 능선길을 걸어서 쿰벨산2,300m에 오르고 다시 원점회귀하는 간단한 코스이다. 카자흐스탄에서 10일 동안 거친 트레킹을 했기 때문에 이곳에서는 좀 더 여유롭고 편한 코스를 택하기로 한 것이다.

쿰벨산 능선을 따라 걷는다

 차로 1시간 반을 달리니 아밀소이 리프트 승강장이 나온다. 이곳은 물이 귀하여 산보다는 계곡처럼 물이 있는 곳을 중요시한다고 한다. 아밀소이도 '소이'는 계곡이라는 뜻인데, 산 정상이 2,290m인데도 별도의 이름이 없고 아밀소이로 불린단다. '아밀계곡과 붙어있는 산' 정도로 이해가 된다. 한라산으로 친다면 '영실계곡과 붙어있는 산'쯤 되지 않을까.

 아밀소이에 도착해서 리프트를 두 번 갈아타니 산 정상에 도착한다. 이곳은 스키 리조트인데 여름에는 관광용으로 운영이 되고 있어서 곳곳에 스키장의 흔적이 엿보인다. 승강장에 사람이 거의 안보여 전세 내다시피 독점을 하였는데, 이 나라가 아직은 등산이 대중화되어 있지 않아 멋진 자연에도 불구하고 트레킹 하는 사람이 거의 없는 게 현실이란다.

산 정상에 오르니 햇빛은 따사로운데 기온은 내려가고 선선한 바람까지 불어줘 더없이 상쾌한 느낌이다. 왼쪽으로 멀리 침간산3,306m이 보이고 그 밑으로 오늘의 목적지 쿰벨산2,300m이 보인다. 정면으로는 높은 설산의 연봉들이 보이는데 바로 크줄루라산

침간산이 바라다보이는 트레킹 코스

3,200m이다. 만년설은 아닌데도 아직 눈들이 남아있어 멋진 경관을 보여주고 있다. 쿰벨산은 이곳 아밀소이와 높이는 비슷하지만 능선 중간에 2,100m지점까지 내려갔다 올라가기 때문에 3km의 짧은 거리이지만 그런대로 트레킹의 분위기가 느껴진다.

능선길에는 이곳저곳 꽃대가 올라오고 있는데 아쉽게도 조금 이른 탓에 화려한 들꽃 풍경이 보이지는 않는다. 타이욕이라는 코스모스 같은 식물이 온 산을 뒤덮고 있었지만, 곧 노란 꽃들이 피면

서 마치 유채밭 같은 장관을 이룬다는데 조금 이른 시기라 아쉬운 마음이다. 꽃길은 아니지만 그래도 탁 트인 능선길 전망이 좋아 기분은 상쾌하다.

꽃봉오리가 맺힌 튤립도 보이는데, 중앙아시아가 튤립의 원산지라고 한국인 가이드가 귀띔을 해준다. 군데군데 배추 같은 모습의 군락지도 보이는데 라바치라는 식물이며 줄기는 식용으로, 뿌리는 약용으로 쓰인다고 한다. 야생당귀와 야생마늘도 보이며 향긋한 냄새를 풍긴다. 봄을 맞이하며 온갖 식물이 기지개를 펴고 있는 것이다.

시원한 바람 속에 멀리 설산들을 바라보며 1시간 남짓 걷다 보니 쿰벨산 정상이 나왔다. 정상에 둥그런 원형 볼탑이 서 있는데 기상관측소란다. 밑으로 관측소 직원이 혼자 거주하고 있는 집이 있어서 방문하니 반갑게 맞이하며 차를 내놓는다. 오늘도 이 멋진 곳에 등산객이 우리 일행 3명밖에 없었으니 사람을 그리워하지 않았나 싶다. 온 세상이 굽어다 보이는 탁 트인 능선길을 한가롭게 걸으며 짧은 트레킹을 마쳤다.

리프트로 내려와 그럴듯한 레스토랑에서 점심을 하는데 어이없는 가격에 웃음이 나온다. 레스토랑은 커다랗고 고급스러운데 가격은 믿지 못할 정도로 저렴하였다. 커다란 양꼬치 3개가 7,000원이라는데 한 사람이 한 개 먹기도 벅찬 양이다. 4명이 양갈비와 만두, 스프에 과일 음료수까지 곁들였는데 단돈 4만 원이다.

즐거운 트레킹에 가성비 좋은 점심으로 포식하고 타슈켄트로 돌아왔다. 둘만의 자유트레킹 여행이다 보니 순발력 있게 움직여서 더없이 편한 마음이다.

K-컬처가 살아 숨 쉬는 곳 타슈켄트

저녁에 매직시티라는 유명한 테마파크가 있다고 하여 타슈켄트 시내로 향했다. 우버는 통용되지 않아 가이드가 사용하는 이곳 앱인 얀택시를 이용하는데, 운영시스템은 우버와 비슷하다.

퇴근 시간인지 러시아워가 심하고 사거리마다 교통경찰이 수신호를 하는 등 혼란스러웠다. 대체로 사람이든 차든 교통신호를 무시하기 때문에 더욱 혼란스러워 곤욕을 치른다.

어렵게 매직시티에 도착해서 입구에 들어서는데 그만 깜짝 놀라고 말았다. 입구는 전형적인 테마파크의 모습인데, 안쪽으로 들어가니 멀리 호수 위로 유럽형 캐슬이 보이는 게 롯데월드 매직아일랜드의 판박이였던 것이다.

다만 놀이기구들이 안 보이고 상점들만 즐비한 공원의 형태로서 입장료 없이 출입을 하고 있었는데, 초저녁인데도 수많은 인파가 몰리면서 인산인해를 이루고 있다. 많은 사진사가 300mm도 넘어 보이는 렌즈를 장착한 대형카메라로 손님들을 유혹하는데, 한쪽에서는 어트랙션 놀이기구 대신 아날로그식 게임장들이 들어서 있다.

롯데월드를 닮은 매직시티

   화려한 현대식 테마파크 외형에 구형 아날로그식 사진사와 콘텐츠가 조합을 이루는 게 어색하게 다가온다. 화려한 시설에도 불구하고 입장료가 없다는 게 사회주의의 장점 같다는 생각도 언뜻 들어오는데 묘한 당혹감이 생긴다. 자본주의 사회에서는 이익 창출을 위하여 온갖 상술을 발휘할 텐데…, 유일하게 키즈존에 어린이 놀이시설들이 돈을 받고 있었는데 이용객은 거의 없었다. 국민소득 3,000달러에는 부담스러운 수준인지….

   밤이 깊어가니 열기도 사라지고 바람도 불어와 산책하기에 더없

청계천을 연상케 하는 서울의 거리

이 좋은 날씨가 된다. 화려한 밤 공원을 즐기는 시민들의 표정이 유쾌하고 밝기만 한데, 바라보는 이방인도 분위기에 동참하여 행복을 나눈다.

바로 옆이 서울의 거리라 하여 둘러보았다. '서울문'이라는 높다란 전광판이 돌고 있는 탑 밑으로 거대한 강이 흘러가고 있는데 그 밑으로 기다란 쇼핑타운이 형성되어 있었다. 차르박 호수의 눈 녹은 물이 흘러 들어오는 강 옆으로 3층 상점가가 수백m 길이로 열 지어 있고 널따란 테라스 식당들이 즐비한 화려한 모습인데 마치

청계천을 연상케 한다.

  롯데월드도 청계천도 개발 모델로 삼지 않았나 싶은데, 최근 들어 이곳 교통시스템도 한국과 비슷하게 바뀌고 있단다. 교통카드가 들어오고 지하철역도 1, 2, 3역 등 사회주의식 명칭에서 고유명사로 바뀌었다고 한다. K-POP, K-Drama는 당연하고 한국어 열풍까지 불고 있다고 하는데, 반만년 우리나라 역사에 이렇게 세계적으로 주목을 받았던 때가 있었나 싶다.

  경제적인 강국도 중요하지만 문화적인 전파는 훨씬 더 영향력이 크고 지속성이 강할 것이다. 과거 고구려 때는 세계의 중심이 중국이었으니 당나라를 물리친 그때가 더 강력했었나? 역사 지식이 짧아 잘 모르겠다. 어쨌든 지금은 멋진 대한민국이 되어 온 세계를 돌아다니며 환대를 받고 있으니 그저 뿌듯한 마음이다. 세계에서 가장 우대받는 여권이 싱가포르 다음으로 대한민국 여권이란다. 대한민국 파이팅이다.

2일차
실크로드 역사의 도시 사마르칸트로

오늘은 사마르칸트로 가기 위하여 타슈켄트 기차역으로 향한다. 사마르칸트는 기원전 7세기부터 생겨난 도시로 실크로드의 교역 중심지 역할을 해오다가, 14세기 티무르가 중앙아시아를 통일하고 수도로 삼으면서 세계무대의 중심이 되었던 유서 깊은 곳이다. 무더운 날씨에도 불구하고 중앙아시아 여행 시 필수 방문 코스로 사랑받는 연유이다.

사마르칸트 유적 관람뿐만 아니라 타지키스탄 트레킹 일정도 있어 캐리어는 호텔에 맡기고 2박 3일용 배낭을 꾸리고 나섰다. 시간이 맞지 않아 고속철을 이용하지 못하고 일반 철도로 이용하니 3시간 반이 걸린단다. 기차 안 좌석은 의외로 넓어 불편함이 없었는데, 수시로 음식을 판매하는 점원이 다니는 게 우리나라 90년대를 연상시킨다.

사마르칸트역에 도착하니 한낮 12시인데 불같은 더위에 온도계가 39도를 가리킨다. 노동법이 40도를 넘어서면 근로를 제한하게 되어있어서, 아무리 더워도 공표 온도가 40도를 넘는 경우는 드물다는 이야기들이 전해지는데, 그야말로 살인적인 더위가 이방인을 반갑게(?) 맞이한다.

   호텔로 들어가 여장을 푼 뒤 인근 식당을 찾았다. 식당 안에 에어컨은 없지만 냉수를 안개처럼 뿌리고 선풍기로 날리며 냉방을 하고 있었다. 이제는 익숙해진 사슬리와 케밥, 환타로 점심을 하니 졸음이 몰려온다. 불볕 날씨에 밖을 나가기가 꺼려지고 그냥 쉬고만 싶지만 시간이 아깝다. 사마르칸트 일정이 오후밖에 없는데, 시간을 낭비했다가는 두고두고 후회할 것 같아 서둘러 밖을 나섰다.

제지공장 민속 마을을 찾아

   택시로 20분 거리에 있는 제지공장을 찾았는데, 마을 중앙을 가로질러 S자로 맑은 시냇물이 흐르고 푸른 숲이 우거진 민속 마을 한가운데 자리하고 있었다. 그늘진 곳이 많아 그런대로 여유가 생긴다. 물길을 따라 곳곳에 다양한 형태의 물레방아가 설치되어 수력을 이용하고 있었는데 하이라이트는 제지공장이었다.

   우리 한지는 닥나무 껍질을 빻아서 나오는 펄프로 종이를 만드는데 이곳은 뽕나무 껍질을 이용하여 만들고 있단다. 신기해서 한지 전문가인 친구에게 카톡으로 문의해 보니 뽕나무도 닥나무과에

속한다는 속 시원한 대답이 나온다.

　만드는 방법은 신기하리만치 우리와 비슷한데, 수력을 이용하여 뽕나무 줄기를 빻고 있었다. 마을 곳곳에 뽕나무가 널려 있는데, 누에 먹이용이 아니고 제지 펄프 용도인 것이다. 특이하게도 오디 색깔이 하얀색이다. 뽕나무 밑은 떨어지는 오디로 너저분한데, 따먹는 사람도 없고 수확하는 사람도 없다. 워낙 과일이 풍부해 오디는 안중에도 없는 듯한데, 예상외의 달콤한 맛으로 자꾸만 손이 가 하얀 오디로 배를 채운다.

민속 마을의 물레방아

　냇가를 따라 곳곳에 물레방아가 보이는데, 제지용도 외에도 그 쓰임이가 다양하다. 기름도 짜고 곡식도 빻는데 모두들 지금도 사용하고 있는지 사용 흔적이 보인다. 냇기를 따라 열 지어 있는 가옥들에는 실제로 주민들이 살면서 토산품들을 팔고 있었다. 가공되지 않은 민속촌을 연상케 하는데, 뽕나무 그늘 밑으로 더위도 잊은 채 냇가 길을 걸으며 망중한의 여유를 갖는다.

사마르칸트의 랜드마크 레지스탄 광장

  다시 시내로 들어와 중앙아시아의 건축과 문화의 중심지라는 레지스탄 광장을 찾았다. 널따란 광장 주위로 3개의 마드리사^{이슬람 신학교}가 자리하고 있는 사마르칸트의 랜드마크였다. 각종 행사와 축제가 열린다는 중앙광장에 사람들이 몰려있는데, 한쪽에서는 신혼 커플이 사진 촬영을 하고 있는 모습도 보였다.

  마드리사는 35m 높이의 전형적인 이슬람 건축물인데 3동이 모

레지스탄 광장

두 동시대 건물이 아니고 14세기부터 16세기에 걸쳐 순차적으로 지어졌다고 한다. 외부에서 보기에는 정사각형의 거대한 모습인데 안으로 들어가 보니 가운데는 정원 형식으로 비어 있는 'ㅁ' 자 중정 형태였다.

과거에는 학생들이 방마다 가득 모여 코란을 논의했지 않았나 싶은데, 지금은 기념품점들이 가득 들어와 있어 신비감이 사라져 작은 실소가 나온다. 안동서원에서 기념품을 파는 느낌이랄까…. 그래도 벽과 천정에 새겨져 있는 아라베스크 문양은 화려하고 신비스러워 자꾸만 쳐다보게 된다.

화려한 아라베스크 문양

올드시티 유적지가 워낙 넓어 사이사이로 자그마한 셔틀카가 손님들을 실어 나른다. 500m쯤 떨어져 있는 비비하눔 모스크에 셔틀카를 타고 찾아갔다. 티무르가 왕비를 위해 지어준 모스크인데, 40m 높이의 첨탑이 우뚝 솟아있는 거대한 모습은 보는 이를 압도한다.

건축가가 왕비의 미모에 홀려 조기 건축을 조건으로 왕비와 키스를 하였다는 어설픈 전설이 회자되고 있단다. 화려한 외부 모습과는 달리 내부는 어두운 분위기에 심플하여 오히려 경건한 기도 도량 본연의 느낌을 주고 있다.

옆으로 재래시장인 시압 바자르가 있어서 둘러보았다. 엄청난 규모의 실내와 야외시장이 붙어있는데 온통 과일과 견과류를 팔고 있었다. 살구, 체리, 딸기, 수박, 멜론 등 온갖 과일이 좌판에 먹음직스럽게 널려있다. 내일 트레킹을 위하여 살구와 체리를 샀는데 저렴한 가격에 웃음이 절로 나온다. 견과류는 귀국 전날 타슈켄트에서 구입하려고 미뤘다.

시장에서 고가 다리를 건너니 전임 대통령 영묘가 나온다. 화려한 건물 속에 대리석관이 설치되어 있고 외부에 공

샤히진다 집단 영묘

개되어 있는데 관리가 엉성하여 실제로 시신이 모셔져 있나 의심스러울 정도이다.

영묘에서 내려오니 거대한 공동묘지가 보이고 샤히진다라는 집단 영묘 유적이 나왔다. 신분이 높은 사람들을 실내에 모아 놓은 묘실들이라는데, 역시 경건한 분위기는 아니고 그냥 호기심 차원에서 둘러보는 정도였다.

오후 내내 걷다 보니 건물들이 모두 비슷해 보인다. 피곤이 쌓여 아라베스크 문양도 가물가물해지고 건물도 비슷해져 혼돈이 온다. 역시 40도 찌는 더위에 유적지를 돌아보는 것은 무리인 것 같아 투어를 중단하기로 했다. 발바닥도 아프고 온몸은 파김치가 된 상태이다.

한식당을 찾아 찜닭에 소주 한잔을 곁들이며 피로를 푼다. 역시 유적지 관람보다는 자연을 걷는 트레킹이 나에게 어울린다는 사실을 확인하면서 유적 관광을 마무리했다. 캄캄한 밤이 되어 호텔에 도착하니 시원한 밤바람이 얼굴을 때린다. 건조한 공기여서 해가 지면 바로 시원해진다. 낮에는 뜨거워 걷지도 못했는데, 야릇한 사마르킨트의 밤 날씨이다.

3일차

타지키스탄 하프트쿨 호수로

    오늘은 타지키스탄 국경을 넘어 판지켄트로 들어가서 하프트쿨 Haftcul 호수 주위를 트레킹하는 일정이다.

    이른 아침 택시를 타고 국경으로 향한다. 양국 대통령이 악수하고 있는 대형사진이 국경임을 알리는데, 철책도 없고 경비병도 없다. 국경 출입국 절차도 여권만 확인하는 간단한 절차인데다 특히 한국인에게 호의적이어서 부담감이 없다. 다만 이 대표가 사진을 찍으려 하니 급히 제지하며 표정이 바뀌는데, 아직도 공산주의 잔재가 남아있는 듯하여 작은 실소가 나온다.

    타지키스탄에 들어서서 다시 현지 지프로 옮겨 타는데 주변 모습들이 우즈베키스탄과는 사뭇 다르다. 열악한 분위기로 바뀌는데 험준한 산악지대가 나타나고 집들도 규모가 작아 띄엄띄엄 떨어져 있는 소규모 시골 마을로 바뀐다. 산들도 거친 바위들과 자갈더미여서 나무들이 보이지 않는 황량한 분위기인데, 그나마 도로 옆으로 흐르는 커다란 자라푸샨강이 풍경을 부드럽게 완화시켜 주는 듯하다.

낭떠러지 길을 따라 7개의 호수를 만난다

30여 분을 달려 타지키스탄 제3의 도시라는 판지켄트에 도착하였다. 인구 35만 명의 도시라는데 우리나라 지방 군 정도의 낙후된 모습이다. 먼저 호텔에 들러 체크인을 한 후 하프트쿨 호수로 향했다. 호수는 자라푸샨산맥 중턱에 고도 1,600m에서 2,400m까지 총 7개가 열 지어 있는데 오늘은 가장 높은 곳에 위치한 하조르챠슈마 호수까지 지프로 올라가서 호수 주위를 트레킹할 계획이다.

첫 번째 호수 전경

차는 곧바로 비포장길로 접어드는데 높다란 가로수들이 인상적이다. 계획조림이 아닌 자연림 같은데 나무들의 위치가 들쭉날쭉한 자연스러운 배열이 오히려 더 운치가 있어보였다.

1시간쯤 달리니 고도 1,600m 지점에서 첫 번째 호수가 나온다. 나무 하나 없는 황량한 돌산들 밑에 비취색 호수가 고즈넉이 자리하고 있었다. 호수는 제법 큰 규모인데 기이하게도 들어오는 물줄기나 내려가는 물줄기가 안 보인다. 4,000m급 산들이 둘러싸여 커다란 냇물이 흘러오는데도 물줄기가 지하로 스며들어 보이지 않는단다.

이곳부터 도로가 급격히 좁아지면서 가파른 길이 이어진다. 일반 차량들은 올라오지 못하고 사륜구동 지프만이 가능한데 길이 좁아 오고 가는 차량이 마주칠 때는 넓은 곳으로 이동을 해야 한다. 지그재그로 올라가는데, 한쪽은 금방이라도 무너질 듯한 자갈 비탈면이고 반대쪽은 급격한 낭떠러지이다.

오금이 저릴 정도로 가파른 길을 기사는 능숙한 듯 휘파람을 불며 올라간다. 낭떠러지 자갈길에 놀라서 비명을 지르는데, 장난기가 도는지 더 빠르게 몰며 파안대소를 한다. 마치 롤러코스터를 타는 듯한 긴장감이 압박을 해오는데 불안한 마음에 낭떠러지를 쳐다보지도 못한다.

계속해서 가파른 협곡길이 이어지는데 순차적으로 2호, 3호 호수가 나타났다. 물길은 4호 호수가 나타나면서부터 보이기 시작하는데, 많은 양의 물길이 하얀 포말을 이루면서 호수로 내려가고 있

오프로드에서 마주친 마을

어 물줄기가 만만치 않음을 보여준다. 계속 올라 고도가 2,000m 에 이르는데도 산비탈 집들이 사라지지 않고 고개를 넘어설 때마다 작은 마을들이 나타난다. 여행객들이 반가운지 마을마다 어린아이들이 손을 흔들며 반겨주는데, 하나같이 이복구비가 선명한 이쁜 얼굴들이다. 아직은 문명사회에 전혀 때가 묻지 않은 순박한 모습들인데, 혹시 어린 마음들에 상처를 줄까 봐 조심스러운 마음으로 응대를 해준다.

2,400m 호숫가에서 돗자리를 깔고 라면을 끓이고

 2시간쯤 지나서야 가장 크다는 6호 호수를 지나고 고도 2,400m에 위치한 7번째 호수 하조르차슈마에 도착하였다. 커다란 비취색 호수가 펼쳐져 있는데 구름 한 점 없는 파란 하늘 아래 조용하고 고즈넉한 분위기이다. 거친 바위산 위에는 아직 잔설들이 남아있고 서늘한 바람이 불어와 이곳이 고산지대임을 알려주고 있었다.
 호숫가 초원 주위로 이미 서너 대 차량이 주차해 캠핑을 하고 있

하조르차슈마 호숫가에서 이근재 전 EB카드 대표,
우즈베키스탄 한국산악대장 장형배 씨와 함께

는데, 우리도 너른 빈자리를 찾아 동참을 했다. 돗자리를 깔며 기억을 더듬어보는데, 언제 캠핑을 했었는지 가물가물 기억이 나질 않는다. 이곳은 캠핑 문화가 없는 초기 단계여서인지 규제하는 룰이 없나 보다. 이곳저곳에 돌을 모아 모닥불을 핀 흔적들도 보인다.

우리도 준비해 온 버너와 코펠로 라면을 끓였다. 아래쪽 도시에는 40도를 오르내리는 무더위 속인데 이곳은 높은 고도로 시원한 바람이 불어오고 호숫물은 얼

나귀를 타고 가는 현지인

음장처럼 차가워 발을 담그기가 무서울 정도이다. 물도 깨끗하여 현지인 기사는 빵을 적셔먹고 그냥 호숫물을 떠 마신다.

가져온 생수와 음료수는 냉장고처럼 호숫가에 담가놓고 끓인 라면을 먹는다. 인터넷도 끊기고 급할 것도 없는 오지 끝자락에서 고요한 에메랄드빛 호수를 바라보며 컵에 라면을 퍼 담고 망중한에 빠진다. 그릇도 없어 종이컵에 담아 먹는 라면이 스위스 융프라우에서 먹었던 컵라면보다도 더 맛있는 꿀맛이다.

식사 후 호숫가 둘레길을 걷기로 했다. 둘레길은 호수를 지나 산

너머로 이어지는데, 호숫가 끝에서 되돌아오는 왕복 8km 코스이다. 길은 대부분 호숫가 옆으로 이어지며 호수를 조망하며 걷는다. 높낮이도 없는 평지길에 시원한 바람까지 불어오니 더할 나위 없는 산책길이다.

  호수 뒤에도 마을이 있는지 나귀에 짐을 싣고 오는 이도 보이고 염소를 풀어놓은 몰이꾼도 보인다. 하나같이 순박한 모습으로 수줍은 인사를 해 눈 마주치기가 즐겁다. 호수는 햇빛의 각도에 따라 에메랄드에서 푸른빛으로 바뀌며 신비스러운 연출을 하는데, 상류에 다다르니 자갈밭 위로 하얀 물줄기가 쏟아지며 좀 더 화려한 풍광을 만들어낸다. 거센 물줄기가 쏟아지는 냇가 위로 다리를 건너 맞은편 전망 좋은 바위까지 올라갔는데, 호수가 커서인지 높은 언덕에서도 출발지가 안 보인다.

  2시간의 둘레길 산책을 마치고 돌아와 물을 끓이고 커피를 마신다. 달달한 봉지커피 한 잔하고 돗자리에 누워 하늘을 바라보니 머릿속이 하얘진다. 통신도 끊기고 찾아올 이도 없는 산꼭대기 호수 속 적막강산인데 시간도 잊히고 세상사도 사라져 마음은 하늘로 올라간다.

4일차

3,000m 고갯길을 넘어 다시 타슈켄트로

　오늘은 이곳 판지켄트에서 후잔드로 이동하여 국경을 넘은 뒤 다시 타슈켄트로 돌아가는데 하루 종일 차만 타야 한단다. 커다란 산맥을 넘어가는 경관이 좋다 하여 이 코스를 택했는데 다소 부담스러운 일정이다. 이른 아침 차를 불렀는데, 말로만 듣던 BYD 중국산 전기자동차가 나왔다. 별다른 흠집이 없는 무난한 차라 생각했는데, 기사가 에어컨을 틀지 않는다.

　전기차이다 보니 고지대를 오르는데 부담이 되는 것인지 전기를 아끼려는 건지 창문을 열고 달린다 하여 곤욕스럽기 짝이 없는데, 무표정한 기사는 막무가내다. 이곳 주민들의 차 관리는 끔찍할 정도이다. 문도 살살 닫지 않으면 바로 불평을 하고 흙먼지가 날리는 비포장 벌판인데도 차를 세차하며 바퀴까지 씻는 모습도 보인다. 1990년대에 차를 사놓고 운행하지 않을 때에는 비닐덮개까지 씌웠던 옛 기억이 생각나는데….

후잔드로 가는 데는 4시간이 걸리는데 특히 3,378m 높이의 샤흐리스톤산을 넘어가야 한다. 길은 편도 1차선의 포장된 도로로 다른 노선이 없는지 많은 차량으로 붐비고 있었다. 가파른 고갯길을 오르는 산세가 험악해서 마음은 졸이지만 창밖 경치들은 새로웠다. 흙이 무너져 내린 비탈에 집들이 위태롭게 서있는 마을들이 드문드문 나타나는데, 신기하게도 그곳에만 수풀들이 우거져있어 호기심을 자아낸다.

계곡수를 끌어와 만든 천연 냉장고

2시간쯤 달린 뒤 휴게소랄 것도 없는 가게들이 모여 있는 곳에서 잠시 멈추어 한숨을 돌리는데, 재미있는 천연 냉장고가 눈에 띈다. 시원한 계곡수를 끌어와 파이프에 작은 구멍들을 낸 뒤 진열된 음료수에 뿌리며 냉기를 유지하고 있는데 기발한 발상이 재미있어 보이지만, 이들에게는 오랜 고민 끝에 생각해 낸 삶의 흔적이지 싶다. 피스타치오 한 봉지와 음료를 구입한 뒤 차에 올랐다.

본격적으로 산을 올라가기 시작한다. 아찔할 정도의 급경사인데 좁은 도로에 가드레일도 없다. 운전사의 부주의나 브레이크 파손 등 자동차에 하자가 있으면 곧바로 수백 m 아래로 추락할 수도 있는 위험한 곡예운전이 이어지는 것이다. 다행히 산 정상부를 오르는 게 아니고 산허리를 돌아 터널로 진입한다는데 2,800m 지점 뷰

계곡수로 음료수를 냉장시키는 천연 냉장고

포인트에서 잠시 차를 멈추었다.

아직도 잔설이 남아있는 3,000m급 암봉들이 기다랗게 펼쳐지는데, 천 길 낭떠러지 밑으로는 지나온 지그재그 도로가 끊어질 듯 이어지는 모습이 아찔하게 드러나 있다. "저기를 올라왔단 말이야?" 가슴 졸인 고비길이었지만 가슴이 탁 트이는 시원한 경관이 보상을 해주는 듯하다.

5.2km의 샤흐리스톤 터널을 지나니 고도가 내려가면서 주변의 풍경이 초원과 나무들이 보이는 목가적인 모습으로 바뀌는데, 마치 문명사회로 들어온 듯한 착각을 일으킨다. 장장 4시간 만에 타지키스탄 제2의 도시 후잔드에 도착하고, 점심 후 다시 1시간을 달리니 국경이 나온다.

그저께처럼 출입국 수속을 밟는데 타지키스탄 출국 심사관이 장

지그재그 낭떠러지 길

난을 친다. 배낭을 샅샅이 검사하며 짧은 영어로 이것저것 질문을 하는데 무더운 날씨에 짜증이 나지만 어쩔 수 없다. 우즈베키스탄 입국사무소에서는 고객만족도 버튼까지 설치해 놓고 손님들을 친절하게 안내하는데…, 국가 간의 수준 차이가 심하다.

국경에서 차를 갈아타고 다시 한참을 달려 타슈켄트에 도착하는데, 온 도시가 뿌연 모래먼지로 쌓여 앞이 보이지 않는다. 드물게 나타나는 사막의 모래폭풍이 일어났단다. 온 도시가 흐릿하고 거친 바람에 가로수들이 흔들리는데, 〈용문객잔〉 영화 속 같은 진기한 장면에 불편하기보다는 호기심이 앞선다.

호텔에 도착하니 오후 5시를 가리킨다. 하루 종일 차만 타며 중앙아시아의 거대한 산맥을 넘어 440km를 달려온 것이다. 샤워 후 마시는 시원한 생맥주 한잔으로 피곤했던 하루를 마감한다.

5일차
모흐나티 폭포를 찾아 오프로드로

중앙아시아의 마지막 일정으로 타슈켄트 근교에 있는 모흐나티 폭포를 찾아간다. 차로 2시간 거리에 있는 폭포 입구까지 가서 지프로 갈아타고 다시 거친 오프로드를 올라가는 코스이다.

식당이 없기 때문에 버너와 코펠, 라면을 준비했는데, 기타 식자재를 사기 위하여 시장을 들르기로 했다. 시내 중심에 있는 전통 실내시장을 들렀는데 어마어마한 규모에 입이 벌어진다. 서울 가락시장 같은 느낌인데 입구에 들어서니 온갖 과일과 채소가 산더미처럼 쌓여있다. 다 둘러보진 못하고 청과물 코너에서 살구와 하얀 오디를 한 바구니씩 구입한 뒤

타슈켄트 전통 시장

폭포길로 향했다.

　일요일이어서인지 거리는 한적한데, 차는 거침없이 달린다. 1시간쯤 지나니 멀리 커다란 호수가 나타나는데 전에 보았던 차르박 호수란다. 5일 전에는 차르박 호수를 왼쪽에 끼고 올라갔는데, 이번에는 오른쪽으로 끼고 올라간다. 호수 위 언덕에 주차하고 호수를 조망하며 잠시 숨을 고른다.

　멀리 침간산이 보이고 그 아래로 커다란 호수가 자리하고 있는데, 파란 하늘과 갈대밭을 배경으로 한 시원한 모습이다. 호숫가에 선명한 물자국이 기다랗게 띠를 두르는데 지금부터 여름 내내 계속 물이 차오르기 시작한다고 한다. 이곳은 산과 호수로 전망이 좋아 대통령 별장 등 고급 별장이 많이 들어서 있다.

　산길로 한참을 더 달려 호수 입구에 도착하니 주차장에 차들이 빼곡히 들어서 있는데 마침 오늘이 일요일이어서인지 사람들이 붐비고 있었다. 여기서부터 다시 지프로 거친 산길 8km를 올라가야 한단다. 지프 한 대를 골라 올라타는데 모습이 가관이 아니다.

폐차장에서도 손사래를 칠 것 같은 지프를 타고

　낡은 국방색 차체로 천장은 파란 비닐천으로 가려져 있고 창문은 없는데, 운전석은 기어봉이 4개나 설치된 낡고 이상한 모습이다. 차 키도 없는지 낡은 철삿줄을 끼워 맞춰놓았는데 낡은 계기판이

처참한 몰골의 낡은 지프

6개나 되는, 처음 보는 차량이다. 제2차 세계대전 때 사용했던 러시아 군용차 같은데 폐차장에서도 손사래를 쳤을만한 처참한 몰골이었다. 모든 차량이 다 비슷해서 선택의 여지는 없는 것 같고 그냥 타야만 되는데 찝찝한 마음을 떨칠 수가 없다. 낡은 차를 닮은 듯 길도 굴곡투성이에 한쪽은 낭떠러지이고 흙먼지가 넘치는 오프로드 산길이니 마음은 더욱 심란해진다.

지프는 탑승자의 불안함을 아는지 모르는지 거친 산길을 덜컹거리며 달리기 시작한다. 앞좌석을 잡지 않으면 당장 천상에 부딪칠 것 같은 요란한 요철길에 엉덩이가 들썩인다. 길이 1차선밖에 없는 좁은 길이라 앞차가 오면 요령껏 위치를 바꿔 비켜가야 한다. 요동치는 엉덩이와 어깨를 보호할 여유도 없이 무조건 앞좌석을 붙잡고 버티며 올라간다. 시속 10km로 달리는데도 전달되는 충격은

150km로 고속도로를 달리는 요란함이다.

50분을 올라간다는데 난감하면서도 자꾸만 웃음이 터져 나온다. 무표정한 기사도 우습고 요동치는 차량 앞에 순응할 수밖에 없는 초라한(?) 내 모습도 우습기는 매한가지이다. 어느새 적응이 되어 젊은 애들처럼 익스트림을 즐기고 있나 보다. 그리고 보니 마주 오는 차들의 표정도 모두들 함박웃음꽃이다. 좁은 공간에 모두들 엉덩이만 걸쳤는지 7~8명이 고개를 내밀며 손을 흔드는데 하나같이 환한 웃음에 괴성을 질러댄다. 테마파크 롤러코스터를 능가하는 익스트림이다.

길은 올라갈수록 더 거칠어진다. 커다란 냇가를 가로지르기도 하지만, 냇가를 따라서 물속을 헤집고 달리기도 한다. 1940년 전쟁터로 돌아간 듯한 짜릿한 스릴을 느낀다. 1940년에는 내가 태어나지도 않았는데….

50분을 덜컹거리고 나서야 최종 목적지 모흐나티 폭포에 도착하였다. 이미 10여 대의 차량이 주차되어 있고, 많은 사람들이 폭포 전경을 즐기고 있었다. 폭포는 보는 이를 압도할 정도의 크기는 아니지만, 파란 하늘과 설산을 배경으로 하얀 물보라를 일으키며 멋진 모습을 연출하고 있었다. 하얗고 노란 들꽃들이 폭포수 주변으로 피어서 운치를 더해준다.

라면으로 오찬을, 후식은 살구와 하얀 오디로

눈 녹은 물이 너무 차서 담그지는 못하고 세수로 만족을 하는데, 덜컹대는 산길에 온몸이 시달려 배가 고프다. 가이드가 능숙한 솜씨로 버너를 펴고 라면을 끓인다. 전혀 기대치 않았던 깊은 산속 라면파티가 또 벌어진다. 후식으로 준비해 온 살구와 오디까지 더하니 어느 고급 식당에도 비할 바가 아니다. 오디가 과일인지는 모르겠지만 이번 여행 중 가장 달콤한 맛은 단연코 오디였다. 하얀 오디! 정말 달콤하다. 바위에 걸터앉아 하얀 물보라를 바라보며 이번 여행의 마지막 낭만을 즐긴다.

내려가는 길은 순조로울 거라고 생각했지만 역시 차가 불안불안하다. 차가 멈춰서면 8km를 걸어가야 하니 끔찍할 노릇이다. 반대

라면과 살구, 오디로 오찬 준비

모흐나티 아래쪽 폭포 전경

쪽 차와 마주칠 때마다 정지하는데 그때마다 시동이 꺼져버린다. 불안하게 철삿줄 열쇠를 비틀며 시동을 켜는데 곧바로 켜지질 않으니 초조하다. 복잡한 기어봉을 조작하며 가다 서다를 반복하는데, 이번에는 시동이 켜있는데도 차에서 내려 점검을 한다.

 아! 숟가락의 새로운 용도를 발견하고는 입을 다물지 못했다. 액셀러레이터가 작동이 멈춰버렸는데, 자세히 보니 숟가락이 굽은 철사 위에 걸쳐져 액셀러레이터 역할을 하고 있었다. 내려가는 길이어서 액셀러레이터 사용이 적다 보니 자꾸만 숟가락이 철사에서 빠져버리는 것이다. 기사도 멋쩍은 듯 수줍은 웃음을 짓는다. 그래도 힘은 좋아 심한 요철도 넘어가고 물살 센 냇가도 거침없이 건너면서 하행 임무를 완수한다. 1km 남짓한 거리를 남겨두고 차에서 내려 아래쪽 폭포를 둘러본 뒤 걸어서 하산하였다.

길지 않은 6일간의 우즈베키스탄 여행을 마감한다. 화려했던 카자흐스탄 트레킹을 마치고 큰 기대 없이 휴식 차원의 가벼운 마음으로 우즈베키스탄에 들어왔지만, 생각지 못한 거친 트레킹에 깊은 감동과 환희를 느꼈다. 40도를 넘나드는 날씨가 곤혹스러웠지만 2,000m를 넘어선 고지대에서의 호숫가 산책과 전망 좋은 능선 트레킹, 3,000m를 넘나드는 하이웨이 드라이브는 잊을 수 없는 대자연의 축제였다.

초대해 준 김삼용 대표와 노련한 우즈베키스탄 한국산악대장 장형배 씨, 그리고 절친 이근재 대표와 함께 마지막 만찬을 한다. 홍어삼합과 파전을 앞에 놓고 소주잔을 기울인다. 옛날 회사 생활이 도마 위에 올라오고 거친 트레킹의 후일담도 환한 웃음 속에 터져 나온다.

내년 키르기스스탄 트레킹 일정도 자연스레 논의가 된다. 최선을 다하는 사람들에게는 결과에 관계없이 현실이 즐겁기만 하다. 만족스러운 트레킹, 반가운 해후, 새로운 만남 속에 중앙아시아의 밤이 깊어간다. 내년에 다시 와야만 할 것 같은데….

Uzbekistan! Bye Bye!

에필로그

무언가를 진정으로 추구하지 못한다는 것은
조건의 문제가 아니고 의지의 문제이다

퇴임 후 2년 남짓 동안, 지내왔던 일상을 떨쳐버리고 세상을 발로 누비기 시작했다. 시간과 장소에 구애받지 않고 '멋지다', '경이롭다'고 소문난 곳들을 리스트에 올려 두었고 하나하나 섭렵하기 시작했는데 어느덧 20여 곳이 훌쩍 넘어버렸다. 매년 3~4개월은 해외의 산과 길 위에서 보내게 되었고, 다행스럽게도 그 속에서 나는 과거의 관성을 던져버리고 새로운 인생의 활력으로 충만한 젊음을 느끼게 되었다.

주변의 지인들은 그런 나를 부러워하면서도 한편으로는 신기하게 바라보았다. 자유롭다거나 대단하다는 찬사를 보내면서도 그들 마음 한편에는 '나와는 다른 세상 사람'이라고 거리감을 두는 듯했다. 자신과 다른 삶의 방식을 이해하기 어려워 결국엔 나를 별종이라 부르는 것이 그들에게는 더 편한 합리화였던 것이다.

그런 대화 중 가장 자주 듣는 말이 있다. "트레킹을 너무 하고 싶지만 체력이 약해 못 한다"라는 것이다. 그럴 때 나는 조용히 물었다. "혹시 남산 둘레길은 걸어보셨어요?"

서울의 중심에 있는 남산의 높이는 262m에 불과하다. 게다가 그 둘레길은 표고차가 거의 없어 누구나 부담 없이 걸을 수 있는 평탄한 길이다. 커다란 장애가 없다면 2시간 남짓으로 쉽게 걸을 수 있지만 걷다 보면 숲길의 고요와 바람의 향기 속에서 놀라운 자연의 감동을 느낄 수 있는 곳이다.

처음엔 그저 산책 같던 걸음이겠지만 어느 순간 리듬이 생기면서 자신감이 붙게 될 수도 있고, 그렇게 남산을 걸었던 사람은 곧 북한산과 도봉산을 찾을지도 모르고, 다음엔 설악산과 지리산의 품으로 나아갈 수도 있을 것이다. 결국 '나는 못 간다'는 말은 체력 때문이 아니라 마음의 게으름에서 비롯된 핑계가 아닐까?

나 역시 그렇게 한 걸음 한 걸음 쌓아가며 길의 매력에 빠져들었다. 그리고 마침내 스페인의 산티아고 순례길을 걷게 되었고, 그 여정에서 대자연과 삶의 깊은 감동을 맛보게 되었다. 이어 히말라야 안나푸르나 베이스캠프를 올랐고, 급기야 해발 5,000m가 넘는 에베레스트 베이스캠프까지 발을 디뎠다. 지금은 나이 일흔을 눈앞에 두고 있지만 여전히 킬로만자로 정상 5,900m을 목표로 새로운 도전을 준비하고 있다.

혹자는 이렇게 말한다. "체력은 되는데, 경제적인 여유가 없어서 해외 트레킹은 어려워."

그럴 때 나는 조용히 웃으며 답한다. "먼 곳을 바라보기 전에 우리 산부터 걸어보세요."

사실 국내의 명산들도 세계 어느 나라 못지않게 아름답고 도전적이다. 오히려 코스의 난이도나 오르내림의 강도는 해외보다 훨씬 높은 경우가 많다. 백두대간의 능선을 잇는 길이나 설악산 공룡능선, 지리산 종주길, 한라산 백록담 코스 같은 곳은 그 자체로 세계 명품 트레킹 코스라 해도 전혀 손색이 없다.

먼저 국내 산들을 다니다 보면 거친 숨 사이에서 느껴지는 자연의 경이로움이 마음을 채우고 그것이 새로운 자신감의 씨앗이 될 수도 있을 것이다. 그렇게 경험이 쌓이고 욕구가 커지면 사람은 자연스레 자신에게 맞는 타협점을 찾게 된다. 재정과 시간, 체력의 한계 안에서도 충분히 즐길 수 있는 방식을 스스로 발견하게 되는 것이다.

진심으로 원하는 사람은 방법을 만든다. 때로는 다른 소비를 줄이면서까지 여행 계획을 세우게 될 수도 있고 그것이 삶의 활력으로 이어지는 멋진 선순환의 고리가 생길지도 모른다.

결국 '무언가를 진정으로 추구하지 못한다는 것은 조건의 문제가 아니라 의지의 문제가 아닐까' 하는 생각이다. 체력이나 금전은 핑계일 뿐이다. 우리가 스스로 게을러서 시도하지 않으려는 마음을 그럴듯한 이유로 포장하고 있는 것은 아닐까.

그렇지만 동시에 억지로 의지를 만들어낸다는 것도 어색하기만 하다. 여유로운 생각 속에서 자연스럽게 접근해 보고 욕구가 커지면 커지는 대로 주어진 여건하에서 그때그때 활성화해 보는게 바람직한 취미 활동의 접근 자세라는 생각이다.

젊은 시절 우리는 사회적 책임이라는 의무 때문에 자신에게 주어진 시간을 유예하며 살아왔다. 그러나 인생이 60을 넘어선 지금 나는 스스로에게 시간을 돌려주기로 했다. 스킨스쿠버를 배우고, 스키를 배우며, 패러글라이딩으로 하늘도 날아보았다. 그리고 맘속에서만 그려왔던 세계 유명 트레킹 코스들도 하나하나 섭렵하며 버킷리스트에 밑줄을 긋고 있다.

새로운 도전을 시작할 때마다 말로 다 표현할 수 없는 희열과 전율이 온몸을 파고들고, 나이는 숫자에 불과하다는 말도 실감하고 있다. 그것은 단순히 몸의 움직임이 아니라 삶에 대한 감동과 설렘의 회복으로 진정한 인생의 황금기를 맞이하고 있는 것이다.

이제 나는 내 또래의 지인들에게 말하고 싶다. 인생의 후반전에 들어선 지금, 어떤 일에 마음이 끌리고 호기심이 생긴다면 주저하지 말고 시도해 보라. 그 한 걸음 한 걸음이 인생을 다시 빛나게 할지도 모른다.

시도조차 하지 않고 나이를 먹는다면, 어쩌면 그 미련은 평생의 아쉬움으로 남을지도 모르는데…. 멋진 인생은 조건을 고민하는 시간 낭비가 아니라 의지를 행동으로 표출하는 과정 아닐까….

나는 지금도 쉬지 않고 움직이면서 살아있는 나를 온몸으로 느끼고 있다.